Bulgarisch-deutsches
Theologisches Wörterbuch

PVER
VALA
ERNG
LAGO

Bulgarisch-deutsches
Theologisches Wörterbuch

Bulgarsko-nemski recnik po bogoslovie

herausgegeben von Martin Illert

Die Deutsche Bibliothek – Bibliographische Einheitsaufnahme

Die Deutsche Bibliothek verzeichnet diese Publikation in der Deutschen Nationalbibliographie; detaillierte bibliographische
Daten sind im Internet über http://dnb.ddb.de abrufbar

Umschlaggestaltung

g : a gataric : ackermann www.g-a.ch

Druck

ROSCH BUCH GmbH Scheßlitz

ISBN 3-907576-55-1

© 2003 Pano Verlag Zürich

www.pano.ch

Vorwort – Предговор

Та моля ви се ... всички, които четете тази книга, четете, като поправяте, а не проклинайте. Защото медът, дори и на кора от беснурка да е, пак е сладък. Така и словата Божии, дори и да са написани просто и неправилно, пак са Божии, и ще спасят всички, които ги четат ...

Из приписката върху хлудовия паремейник

Das vorliegende Wörterbuch umfasst nahezu fünftausend Wörter aus dem Bereich der Theologie. In vielen Fällen enthalten die Artikel nicht nur das deutsche Äquivalent des bulgarischen Schlagwortes, sondern auch Quellenangaben und etymologische Anmerkungen. Nach dem Querstrich (/) werden alternative grammatische oder orthographische Formen des Wortes angegeben. Der Pfeil (ꝗ) verweist auf den Artikel, der das vorausgehende bulgarische Wort erklärt.

Der Autor dankt Frau Ljudmila Savova und Herrn Grigor Grigorov für die fachliche Beratung im Prozess der Arbeit am Wörterbuch.

Das Buch wurde mit einem Druckkostenzuschuss des Evangelischen Missionswerkes, Hamburg, publiziert.

Настоящият речник обхваща приблизително петхиляди думи от областта на богословието. В много случаи статиите съдържат не само немския еквивалент на българската заглавна дума но и данни за нейните извори и етимологически бележки. След наклонена черта (/) се посочват алтернативни граматически или правописни форми на думата. Стрелката (ꝗ) препраща към статията, която тълкува предшествуващата дума.

Авторът благодари на г-жа Людмила Савова и на г-н Григор Григоров за консултациите направени в процеса на работа въху речника.

Речникът е публикуван с финанцова подкрепа на „Evangelisches Missionswerk", Хамбург.

Sofia und Hamburg im August 2003, Martin Illert

Abkürzungen - Съкращения

араб.   арабски - arabisch
арам.   арамейски - aramäisch
БЕ   Библейска Енциклопедия, ред. Н. Бажданов, Велико Търново, 1993
БПЦ   Д. Калканджиева, Българската православна църква и народната
         демокрация, София 2002
БР   Библейски Речник, ред. К. Златев, София 1994
ВБ   Й. Майендорф, Византийско Богословие, София 1995
ВВХ   Т. Коев, Въведение в Християнството, София 1992
гр.   гръцки - griechisch
ЗЗВ   Закон за вероизповедания, Държавен вестник 120, 30.12.2002, 25-30
исп.   испански - spanisch
КБЕ   Кратка богословска енциклопедия, ред. Т. Коев, Д. Киров, София 1993
лат.   латински - lateinisch
нем.   немски - deutsch
НЙ   Дионисий Ареопагит, За небесната йерархия, София 2001
НС   Никео-цариградски Символ - Nizänokonstantinopolitanum
ПЦСС   Полний церковно-славянский словарь, ред. Г. Дьяченко, Москва 1993
Реф   Р. Стофер, Реформацията, София 2002
РКР   Религиите. Кратък речник, ред. Д. Попмаринов, К. Златев, София 1994
рус.   руски - russisch
РЧД   Речник на чуждите думи, ред. С. Илиев, София 1982
сир.   сирийски - syrisch
СС   Симеонов Сборник, изд. от Р. Павлова, София 1993
ст.фр.   старофренски - altfranzösisch
тур.   турски - türkisch
Ф   Р. Хайнцман, Философия на Средновековието, София 2002
ФР   М. Бъчваров, М. Драганов, С. Стоев, Философски Речник, София 1978
ХМ   Т. Лейн, Християнска Мисъл през вековете, София 1999
ЦЙ   Дионисий Ареопагит, За църковната йерархия, София 2001

Pl.   Plural - множество число
TL   G. Podskalsky, Theologische Literatur des Mittelalters in Bulgarien und
         Serbien 865-1459 München 2000

А

Аарон (РКР 90) Aaron, **ааронов жезъл** (БР 7) Aaron-stab

Аахенски синод (ХМ 91) Synode von Aachen

абат, -иса (арам. *ab* = баща, РКР 90) Abt, Äbtissin, **абатски / абатов** Abts-

абатство (РКР 90) 1. Abtei, 2. Abtsresidenz, 3. Abtsamt

Абелар, Пиер (РКР 90) Abaelard, Petrus

абсолюция (лат. *absolvere* = освобождавам, РЧД 20) Absolution

абулия (гр. *abulia* = безволие, РЧД 21) Abulie

Авакум (РКР 91) Habakuk

авва (арам. *ab* = баща, РКР 91) 1. Abba, 2. geistlicher Vater, 3. Igumen

Августин Ипонски (РКР 91) Augustin von Hippo, **августински** augustinisch

августинец (РКР 92) Augustiner

августинианство (РКР 91) Augustinismus

Авдий (БР 8-9) Obadja

аве Мария (лат. *Ave Maria* = зравей, Мариа, КБЕ 15) Ave Maria

Аверкий Иераполски (ЖНС 533) Aberkios von Hierapolis, **аверкиев надпис** (ЖНС 533) Aberkios-inschrift

авероизъм (Ф 203) Averroismus

Авесалом (БР 9) Absalom

Авимелех (РКР 9) Abimelech

Авраам (РКР 9) Abraham

авраамити (РКР 93) Abrahamiten

авраамово лоно ► лоно

автогносис ► себепознание

автокефалия (гр. *autos* = сам + *kephale* = глава, КБЕ 15) Autokephalie, **автокефален** (КБЕ 15) autokephal

автокефална църква ► църква

автономия (гр. *autos* = сам + *nomos* = закон, КБЕ 16) Autonomie

автономна етика ► етика

автономна църква ► църква

авторитет (лат. *auctoritas* = пълномощие, РЧД 27) Autorität

агапе / агапи (гр. *agape* = любов, КБЕ 17-18) 1. Agape, 2. Agapemahl, Liebesmahl

Агар (РКР 94) Hagar

агарянец / агарянин (БР 12) Hagariter, **агарянски** hagaritisch

агатология (от гр. *agathos* = добър + *logos* = дума, КБЕ 18) Moralphilosophie

Агей (РКР 94) Haggai

агенда (лат. *agere* = правя) Agende

агиазма (гр. *hagios* = свет, КБЕ 45) 1. geweihtes Wasser, 2. Heilquelle

агиограф (гр. *hagios* + *grapho* = пиша, КБЕ 18) Hagiograph, **агиографски** hagiographisch

агиография (КБЕ 18) Hagiographie

агиографски канон ► канон

агиолог (гр. *hagios* + *logos* = дума, КБЕ 18) Hagiologe

агиология (КБЕ 18) Hagiologie

агнец (Л 65) Lamm, **Агнец Божи** (КБЕ 18-19) Lamm Gottes, **Агнец евхаристичен** (КБЕ 19) eucharistisches Brot, **агнец жертвен** (БЕ 27) Opferlamm, **Агнец литургичен** (РКР 95) eucharistisches Brot, **Агнец пасхален** (КБЕ 19) Passalamm

агностик (гр. *a* = не + *gignosko* = зная, КБЕ 19) Agnostiker

агностицизъм (КБЕ 19) Agnostizismus

аграф (гр. *a* + *grapho* = пиша, КБЕ 19-20) Agraphon

ад (гр. *Hades*, КБЕ 20) Hades, Hölle, **адов / адски** Höllen-, höllisch

Адам (РКР 96) Adam, **адамов** Adams-

адвент (лат. *advenire* = пристигам, РЧД 34) Advent

адвентизъм (КБЕ 21-22) Adventismus

адвентист (РКР 96) Adventist

адвокат Божи (лат. *advocatus* = повикан, РКР 96) advocatus dei

адвокат на диавола (РКР 96) advocatus diaboli

адиафора (гр. *a* = не + *diaphoron* = разлика, КБЕ 22) Adiaphora, **адиафористически спор** (КБЕ 22) adiaphoristischer Streit

Адонай (евр. *adonai* = моят господ, РКР 96-97) Adonai

адоний ► адонай

адопциани (лат. *adoptare* = осиновявам, КБЕ 22-23) Adoptianer, **адопциански** adoptianistisch

адопцианизъм Adoptianismus

аецианин (РКР 97) Aetianer

Аз, метафизичен (ФР 16) metaphysisches Ich

Аз, трасцендентален (ФР 16) transzendentales Ich

Азбучна молитва ▸ молитва

азилно право ▸ убежище

азимес (гр. *azymos* = безквасен, ПЦСС 8) Azymen, ungesäuertes Abendmahlsbrot

азимит (ПЦСС 8) Azymit

азматик (гр. *ado* = пея, ПЦСС 8) Asmatikon

азматическа вечерня ▸ вечерня

азметическа панихида ▸ панихида

азметическа утреня ▸ утреня

азматически часове ▸ часове

академия, духовна (КБЕ 23) geistliche Akademie

Акакий Мелитински (ЖНС 199) Akakios von Berroea

акатист (гр. *a* = не + *kathizo* = сядам, КБЕ 23) Akathistos-Hymnus

акатистник Akathistos-Hymnenbuch

акатистова събота ▸ събота

акефали (гр. *a* + *kephale* = глава, КБЕ 23) Akephaler, **акефален** akephal

Акила (РКР 97) Aquila

акимети (гр. *a* + *koimao* = спа) Akoimeten

акламация (лат. *acclamatio* = възклицание) Akklamation

аколут (гр. *akolutheo* = следвам, РКР 97) Akoluth

аколутия (РКР 97) Akoluthie

акомодация (лат. *accommodatio* = приспособяване, РЧД 45) Akkomodation

акрибия (гр. *akribeia* = точност, РЧД 46) Sorgfalt

аксиос ▸ достоен

аксиосвам / аксиосам (РЧД 47) eines kirchlichen Amtes für würdig erklären

Акт на върховенство (Реф 109) Act of Sovereignity

Акт на единство (Реф 122) Act of Uniformity

акти ▸ правила

активен интелект ▸ интелект

акцидентия / акцидинция (лат. *accidentia* = случайност, Ф 100) Akzidens, **акцидентен** akzidentiell

Албанска Православна Църква (КБЕ 24-25) Albanische-Orthodoxe Kirche

Алберт Велики Albert der Große

албигойци (КБЕ 25) Albigenser

алегореза (гр. *allos* + *lego* = чета, Ф 77) Allegorese

алегория Allegorie, **алегорично тълкуване** allegorische Bibelauslegung

Александрийска Патриаршия (КБЕ 25-27) Patriarchat von Alexandria

Александрийска школа ▸ школа

Александрийски кодекс ▸ кодекс

Александрийски събор ▸ събор

Александрия (БР 17, ХСЛ 223) 1. Alexandria, 2. Alexanderroman

Александър Александийски (РКР 98) Alexander von Alexandria

Александър Йерусалимски (РКР 98-99) Alexander von Jerusalem

Александър, разказ за ▸ Александия

алиенация, релитиозна (КБЕ 159-160) religiöse Entfremdung

алилуйя (евр. *halleluja* = хвалете господа, КБЕ 27) Halleluja

алилуарий Hallelujavers

алкание (ПЦСС 12) Fasten, Abstinenz

Алкуин (Ф 146) Alcuin

аллокуция ▸ алокуция

алози / алоги (гр. *a* = не + *logos* = дума, разум) Aloger

алокуция (лат. *allocutio* = тържествено слово, КБЕ 27) Allocutio

алтар ▸ олтар

Алфа и Омега (КБЕ 27) A und O

алчност Begierde

амвон (гр. *anabainein* = качвам се, КБЕ 27) Ambon / Ambo, **амвонен** Ambo-

Амвросий Медиолански (РКР 99) Ambrosius von Mailand, **амвросиански** ambrosianisch, **амвросиански братя** Ambrosianerbrüder, **амвросианска ли-**

тургия ambrosianische Liturgie, **амвросианско пеене** ambrosianischer Gesang

Американско-Австралийска епархия (ХС 105) Amerikanisch-australische Eparchie

амин (евр. *amen* = твърд, КБЕ 27-28) Amen

амма (арам. *amma* = майка) Amma, geistliche Mutter

Амон (РКР 99) Ammon

амонитяни / амонци / амонитци (БР 19) Ammoniter

аморализъм / аморалност (ФР 23) Amoralismus, Amoralität, **аморален** (лат. *a* = не + *moralis* = морален) unmoralisch

амореи (РКР 99-100) Amoriter

Амос (РКР 100) Amos

Амфилохий Иконийски (ЖНС 581) Amphilochios von Ikonium

Ана ► Анна

анабаптист (гр. *ana*= повторно + *baptizo* = кръщавам, КБЕ 28) Baptist, Wiedertäufer

анабаптизъм Wiedertäuferbewegung

анагност (гр. *anagignosko* = прочета, ХС 216) Vorleser, Anagnost

анагога / анагогия (гр. *anago* = отвеждам нагоре, РЧД 68) Anagoge

аналав (ПЦСС 16) Analav

аналогично познание ► познание

аналогия на битието ► битие

аналой (гр. *analogion*, КБЕ 28) Analogium, Analogion, Ikonenpult, **аналоен** Analogiums-, **аналойна икона** Analogiumsikone

анамнеза ► възпоменаване

Анастасий Синаит (П 157) Anastasios Sinaites

анатема (гр. *anathema* = проклятие, КБЕ 28-29) Anathema

анатематизма (РКР 100) formale Belegung mit dem Anathema

анатемосам ► отлъчвам

анати (лат. *annati* = годищни доходи, РЧД 71) Annaten

анафора (гр. *ana* = нагоре + phero = нося, КБЕ 29) Anaphora, Abendmahlsbrot

анахоресис (гр. *anachoreo* = оттеглям се) Anachorese

анахорит / анахорет (КБЕ 29) Anachoret

ангел (гр. *angelos* = вестител, КБЕ 29) Engel, **Ангел Господен** Engel des Herrn, **Ангел пазител, Ангел хранител** (КБЕ 29) Schutzengel, **ангелски живот** engelgleiches Leben

ангелология Engellehre

англиканин Anglikaner

англиканска църква ► църква

англиканство (РКР 101) Anglikanismus, Anglican Communion

англокатолицизъм Anglokatholizismus

Андрей Критски (ЖНС 322) Andreas von Kreta

Андрей Първозвани (РКР 101) Andreas der Erstberufene, **андреев кръст** Andreaskreuz

Анкирски събор ► събор

Анна, пророчица (ЖНС 85) Anna, Prophetin

Анна, праведна (ЖНС 349) Anna, Gerechte

анимизъм (лат. *anima* = душа, РЧД 76) Animismus

аномеи (гр. *a* = не + *homoios* = подобен) Anhomöer

аномейство (ФИ 149) Lehre der Anhomöer

ансбахски съвет ► съвет

Анселм Кентърбърийски (РКР 101) Anselm von Canterbury

антепендиум (лат. *ante* = пред + *pendere* = вися) Antependium

антидор (гр. *anti* = против, вместо + *doron* = дар, дарение, КБЕ 30) Antidoron

антиминс (лат. *ante* = пред + *mensa* = маса, КБЕ 30-31) Antimension

антиминсна гъба ► гъба

антиномия (гр. *anti* = против + *nomos* = закон, ФИ 149) Antinomie

антиномизъм (КБЕ 31) Antinomismus

антиномисти Antinomer

антиномистически спор antinomistischer Streitigkeit

Антиох IV Епифан (БР 24) Antiochos IV Epiphanes

Антиохия сирийска (БР 24) Antiochia in Syrien

Антиохийска екзигеза ► екзегеза

Антиохийска патриаршия (КБЕ 31-33) Patriarchat von Antiochien

Антиохийска школа ► школа

Антиохийски събор ► събор

Антипа, Ирод (РКР 103) Herodes Antipas

антипапа (гр. *anti* = против + *papa* = баща, КБЕ 33) Gegenpapst

антипапист Anhänger des Gegenpapstes

антипасха (гр. *anti* + *pascha* = великден, КБЕ 33) erster Sonntag nach Ostern

антитринитаризъм (гр. *anti* + *trinitas* = троица) Antitrinitarismus

антитринитари (КБЕ 33) Antitrinitarier

антифалибилизъм (лат. *in* = не + *fallibilis* = погрешим) Unfehlbarkeit

антифон (гр. *anti* + *phone* = глас, КБЕ 33) Antiphon, **антифонно пение** (Л 129) antiphonaler Gesang

антифоник Antiphonar

антихрист (гр. *anti* + christos, КБЕ 33-34) Antichrist

антиюдаизъм (гр. *anti* + iudaismos = юдаизъм) Antijudaismus

антологион ▸ минеи

Антоний велики (РКР 104) Antonius der Große

антропогенеза (гр. *anthropos* = човек + *genesis* = битие, РЧД 84) Anthropogenese

антропология (гр. *anthropos* + *logos* = дума, КБЕ 34-35) Anthropologie

антропоморфизъм (гр. *anthropos* + *morphe* = образ, КБЕ 35) Anthropomorphismus

антропософия (гр. *anthropos* + *sophia* = мъдрост) Anthroposophie

анунциатор (лат. *annuntiator* = известител, РЧД 85) Annuntiator

апатия (гр. *apatheia* = безстрастие) Leidenschaftslosigkeit

апелация (лат. *appellare* = обръщам се към съда) Appellation

аподиктика (гр. *apodeiktos* = безспорно казан, РЧД 88) Apodiktik

аподиктичен закон ▸ закон

аподиктично право ▸ право

апокалиптика (гр. *apokalypsis* = откровение, РКР 104) Apokalyptik, **апокалиптичен / апокалипически** apokalyptisch

апокалипсис ▸ откровение

апокатастасис (гр. *apokatastasis* = възвръщане, КБЕ 35-37) Allversöhnung

апокрисиарий (гр. *apokrinomai* = отговарям, КБЕ 37) Apokrisiar (päpstlicher Gesandter am Kaiserhof von Konstantinopel)

апокриф (гр. *apokryphos* = скрит, КБЕ 37) Apokryph, **апокрифен** apokryph

Аполинарий Лаодидийски (РКР 105) Apollinarius von Laodicäa

аполинарианство (РКР 105) Apollinarismus, **аполинарианска христология** apollinarische Christologie

апологет (гр. *apologetes* = защитник, КБЕ 37-38) Apologet

апологетика (КБЕ 38) Apologetik

апология (КБЕ 38) Apologie

апостат ▸ отстъпник

апостазия ▸ отстъпление

апостол (гр. *apostolos* = пратеник, КБЕ 38) 1. Apostel, 2. Apostolos (Epistel- und Actalesung)

апостоли, събор на 12те ▸ събор

апостолник (ПЦСС 877) 1. Nonnenschleier, 2. Mönchskapuze

апостолска камара ▸ камара

апостолска канцелария ▸ канцелария

апостолска църква ▸ църква

апостолски братя ▸ братя

апостолски викарий ▸ викарий

апостолски делегат ▸ делегат

апостолски деяния ▸ деяния

апостолски диатаксис ▸ диатаксис

апостолски мъже ▸ мъже

апостолски правила ▸ правила

апостолски празници ▸ празници

апостолски престол ▸ престол

апостолски префект ▸ префект

апостолски символ ▸ символ

апостолски събор ▸ събор

апостолско предание ▸ предание

апостолско учение ▸ учение

апостолство / апостолат (РЧД 90) Apostolat, Apostelwürde

апотактити (гр. *apotassomai* = отстранявам се) Apotaktiten

апотеоз / апотоза (гр. *apotheosis* = обожествяване, РЧД 91) Apotheose, Vergottung

апотропичен (гр. *apotropeo* = отклонявам, РЧД 91) apotrpäisch

апофатизъм ▸ богословие

апофтегма (гр. *apophtegma* = изречение, РЧД 91) Apophtegma

апракос (гр. *а* = не + *prasso* = работя, ХС 218) Aprakos

апробация (лат. *approbatio* = одобрение, РЧД 91) Approbation

апробативна етика ▸ етика

апсида (гр. *hapsis, apsis* = свод, Л 68) Apsis

Арам (БР 29) Aram

арамейци (БР 30) Aramäer, **арамейски** (БР 30) aramäisch

аргосане (гр. *argos* = бездеен, РЧД 94) zeitweilige Enthebung vom Priesteramt

Ареопаг (БР 30) Areopag

ареопагит ▸ Дионисий Ареопагит

ареопагитики (ФИ 150) Areopagitica

ареталогия / аретология (гр. *arete* = добродетел + *logos* = дума, РЧД 95) Aretalogie

ариани (КБЕ 39) Arianer

арианство (КБЕ 39) Arianismus, **ариански спор** arianischer Streit

Арий (КБЕ 39) Arius

Аристей, послание на (БР 50) Aristeasbrief

аристотелизъм (Ф 202) Aristotelismus

Армагедон (БР 31) Harmaggedon

Армено-григорианска църква (ХС 49) Armeno-gregorianische Kirche

Арменска църква (КБЕ 39-40) Armenische Kirche

арминиани (ХМ 188) Arminianer

арминианство (РКР 108) Arminianismus

Арминий, Яков (ХМ 187) Arminius, Jakob

армия на спасението (РКР 108-109) Heilsarmee

Арно, Антоан (ХМ 228) Arnot, Antoine

Арсений велики (РКР 109) Arsenios der Große

артолатрия ▸ хлебопоклонение

артос (гр. *artos* = хляб, РЦСС 23) eucharistisches Brot

артофор (гр. *artos* + *phoreo* = нося, РЦСС 23) Diskos, Patene, Brotkorb

архангел (гр. *arche* = начало + *angelos* = пратеник, КБЕ 40) Erzengel, **архангелски** Erzengels-

архангел Гаврийл, Събор на ▸ Събор

архангел Михаил, Събор на ▸ Събор

архангеловден Tag des Erzengels Michael

археология, библейска (гр. *arche* + *logos* = дума, КБЕ 40-41) biblische Archäologie

археология, църковна (КБЕ 41) kirchliche Archäologie

архидякон (гр. *arche* + *diakonos* = служител, КБЕ 41) Archidiakon

архиепископ (гр. *arche* + *episkopos* = епископ, КБЕ 41) Erzbischof

архиепископия Erzdiözese, **архиепископия, автокефална** autokephales Erzbistum

архиерей (гр. *arche* + *iereus* = свещеник, КБЕ 41) Bischof, **архиерей, велик** (Л 52) Hohepriester

архиерейски дом ▸ дом

архиерейски жезъл ▸ жезъл

архиерейски ризи ▸ ризи

архиерейски събор ▸ събор

архиерейски трон ▸ трон

архиерейски чиновник ▸ чиновник

архимандрит (гр. *arche* + *mandra* = помещение, КБЕ 41) Archimandrit

архипастир (гр. *arche* + лат. *pastor* = пастир, КБЕ 41) Oberhirte

архисветител Patriarchen- und Metropolitentitel

архистратиг (гр. *arche* + *strategos* = комадващ армия) oberster Heerführer (Beiname des Erzengels Michael)

асимилативен интелект ▸ интелект

Асир (БР 39) Asser

асирийски плен Assyrisches Exil

асирици (БР 39) Assyrer

аскеза (гр. *askesis* = упражнение, КБЕ 42-43) Askese

аскетичен asketisch

аскет (КБЕ 43) Asket

аскетизъм (КБЕ 43) Asketentum

аскетика (КБЕ 43) Asketik

асоматичен (гр. *a* = без + *soma* = тяло, РЧД 105) un-körperlich

Астарот ► Ашера

Астарта ► Ашера

астрален култ ► Astralkult

астролатрия (гр. *aster* = звезда + *latreia* = почитание, РЧД 107) Sternkult

астрология (гр. *aster* + *logos* = дума, РЧД 107) Astrologie

Асур ► Асирия

асфалтово море ► мъртво море

Атанасий Велики (РКР 110) Athanasius der Große

Атанасиев символ на вярата (XM 98) Symbolum Athanasianum

атеизъм ► безбожие

атеист ► безбожник

атеистка ► безбожница

атеистичен ► безбожнически

Атон ► Света гора

Аугсбургски интерим (Реф 53) Augsburger Interim

Аугсбургски мир (Реф 54) Augsburger Religionsfriede

Аугсбургско изповедание (РКР 113) Augsburger Bekenntnis

аутодафе (исп. *auto da fé*= акт на вярата, РКР 113) Autodafé, Ketzerverbrennung

афоресвам ► отлъчвам

афтартодокети (гр. *aphthartos* = безсмъртен + *dokeo* = мисля, ВБ 200) Aphthartodoketen

афтартодокетизъм Aphthartodoketismus

Ахав (РКР 113) Ahab

Ахаз (РКР 113) Ahas

ахиропиита (гр. *a* = не + *cheiropoietos* = ръкотворен) Acheiropoietos, nicht von Händen gemachtes Christusbild

Ашера (XM 42) Astarte

аязмо ► агиазма

Б

бабина вода (Л 321) geweihtes Wasser, mit dem das Neugeborene besprengt wird

багреница (КБЕ 45) Purpurmantel

Базелски събор ▸ събор

базилика (гр. *basilikos* = императорски, КБЕ 45-46) Basilika, **базилика**, **кръстокуполна** (Л 58) Kreuzkuppelkirche, **базилика**, **петкорабна** (Л 58) fünfschiffige Basilika, **базилика**, **трикорабна** (Л 58) dreischiffige Basilika

балдахин (ит. *baldacchino*, РЧД 121) Baldachin

балсам (гр. *balsamon*, БР 45) Balsam

баптизъм (гр. *baptizo* = кръщавам, КБЕ 46) Baptistenbewegung

баптист (БР 210) Baptist, **баптистки** baptistisch

баптистерия / **баптистириум**, / **баптистерий** (КБЕ 46) Baptisterium

Бар Кохба (РКР 113) Bar Kochba

барабан (рус. *барабан*, РЧД 124) Kuppel

Барменска богословска декларация (ХМ 256) Barmer Theologische Erklärung

Бароний, Цезар (РКР 113-114) Caesar Baronius

Барт, Карл (ХМ 233) Barth, Karl

бдение (КБЕ 46) Gottesdienst am Vorabend eines Festes, Agrypnie, **бдение**, **всенощно** (ХС 220) Ganznachtfeier, **бдение**, **пасхално** (Л 146) Ostervigil

беатификация / **беатизация** (от лат. beatus = блажен, КБЕ 46-47) Seligsprechung

бегини (фр. *beige* = бежов цвят) Beginen

Беза, Теодор (ХМ 187) Theodor Beza

безбожие (КБЕ 43-44) Gottlosigkeit

безбожник (ПЦСС 34) Gottloser

безбрачие (РКР 114) Ehelosigkeit

безверник (ПЦСС 34) Ungläubiger

безволие (РЧД 21) Willenlosigkeit

безвременост (НЙ XV 6, 55) Zeitlosigkeit

безглавни ▸ акефали

безграничност (НЙ II 3, 12, 15) Unbegrenztheit, Unbestimmtheit, Grenzlosigkeit

безгрешен (СС2269) sündlos

бездна (КБЕ 47) Abgrund

бездушен (СС22369) seelenlos

беззаконие (3336619) Gesetzlosigkeit

беззаконник (333668) Gesetzloser

безквасен хляб (ПЦСС 35) ungesäuertes Brot

безквасници (РКР 114) Passafest, Fest der ungesäuerten Brote

безконечност (ЙС 24064) Endlosigkeit

безкрайно битие ▸ битие

безкръвна жертва ▸ жертва

безмилост (СС98в19) Unbarmherzigkeit

безмълвие (РКР 114) 1. Schweigsamkeit, 2. Stille, Ruhe

безначалие (Л 246) Anfangslosigkeit

безобразие (ПЦСС 36) 1. Gestaltlosigkeit, Formlosigkeit, 2. Schändlichkeit

безплътен ▸ безтелесен

безразлични постъпки ▸ постъпки

безсмъртие / **безсмъртност** (РКР 114) Unsterblichkeit

безсребреник (Л 114) Anargyr, Arztheiliger

безстрастие (ПЦСС 36) Leidenschaftslosigkeit

безтелесен (НЙ II 2, 10, 7) körperlos, asomatisch

Бенедикт Аниански (ХМ 105) Bendikt von Aniane

Бенедикт Нурсийски (РКР 115) Benedikt von Nursia

бенедиктинец (КБЕ 47) Benediktiner, **бенедиктински орден** Benediktinerorden, **бенедиктински устав** Benediktinerregel

бенефиция / **бенефиций** (лат. *beneficium* = благодеяние, КБЕ 47) 1. Lehen, 2. soziale Spende

Бердяев, Николай (РКР 115-116) Nikloai Berdjaev

Беренгарий от Тур (ХМ 125) Berengar von Tours

Бернар от Клерво (БР 86) Bernhard von Clairvaux

беснование Besessenheit

бесоначалник (МТ 9,34) Anführer der bösen Geister

библейска археология ▸ археология

библейска етика ▸ етика

библейски критицизъм ▸ критицизъм

библейско дружество (КБЕ 47) Bibelgesellschaft

Библия (гр. *biblia* = книги, РКР 117) Bibel, **Библия пауперум** (лат. *biblia pauperum* = библия на бедните) Armenbibel

библиодрама (гр. *biblia* книги + drama = драма) Bibliodrama

Бил / Биел, Габриел (ХМ 138) Biel, Gabriel

било (ПЦСС 39) Semantron

биоетика (гр. *bios* = живот + *ethos* = морал) Bioethik

битие (РКР 117-118) 1. Genesis, 2. Sein, 3. Dasein, **битие, више** (Ф 80) höchstes Sein, **битието, аналогия на** (Ф 98) analogia entis

битийност Entität

битийна пълнота ► пълнота

благо (РКР 118) Gut, Segen, Segensgabe, **благо, више** (Ф 80) höchstes Gut

благоверен (СС178в1) glaubenstreu

благовестие 1. ► евангелие, 2. (РКР 118) Verkündigung

благовестител ► евангелист

благовещение (КБЕ 48) Verkündigung

благовещенски събор ► събор

благоволя (СС74г14) Wohlgefallen finden

благоволение (СС74г15) Wohlgefallen

благовоние ► благоухание

благоговейнство (ХС 205) Priester- und Diakonstitel

благоговение / благоговеене (КБЕ 48) Andacht, Gottesfurcht, Frömmigkeit

благодарение (СС40г10) Danksagung

благодарност (Л 257) Dank, Dankbarkeit, Danksagung

благодарствена песен ► песен

благодат (КБЕ 48) Gnade, **благодат Божи** (БР 59) göttliche Gnade

благолепие (НЙ I 3, 9, 1) Angemessenheit

благонравие (ПЦСС 42) Wohlgesittetheit **благополучие** (НЙ VII 2, 34, 21) Wohlbefinden, Wohlfahrt

благословен хляб ► хляб

благословение (Л 137) Segnung, **благословение на трапеза** (Л 358) Tischsegen

благословия (ПЦСС 44) Segen

благославявам (СС49г7) segnen, **благословен** (СС191в1) gesegnet

благотворителност (БПЦ 109) Wohltätigkeit

благоухание (НЙ XV 3, 53, 18) Wohlgeruch

благоухана миризма ► миризма

благочестие (КБЕ 48-49) Frömmigkeit

благенствам (СС80г3) selig preisen, **блажен** (СС37а20) selig

блаженство (КБЕ 49-50) 1. Seligkeit, 2. Seligpreisung

ближният (БР 61) der Nächste

блудствам lasterhaft sein, unzüchtig sein, **блудният син** (ПЦСС 48) der verlorene Sohn

блудник, - ица lasterhafter Mann, -e Frau

блудство Unzucht

Бог (КБЕ 50) Gott, **богове** Götter, **Бог Авраамов** Gott Abrahams, **Бог Слово** (П 153) Gott-Logos, **Бога, учение за** (П 100) Gotteslehre

богоборец (ПЦСС 50) Theomachist

богобрат ► брат

боговдъхновеност (БР 64) göttliche Inspiration, **боговдъхновеност, вербална** (КБЕ 50) Verbalinspiration

боговидение (ПЦСС 50) göttliche Gestalt, **боговиден** (СС47622) gottgestaltig

боговъплъщение ► въплъщение

богодвижен (ПЦСС 51) von Gott bewegt

боголепен (СС245г11) Gottes würdig

боголюбив (СС28г4) Gott liebend

богомилство (КБЕ 50-51) Bogomilismus, **богомилски** (ХСЛ 21) bogomilisch

Богомладенец (ЖС 650) göttliches Kind, Jesuskind

богомолец (ПЦСС 52) Beter

богоначалие (НЙ I 2, 8, 2) göttliches Prinzip, **богоначален** (СС47613) das göttliche Prinzip betreffend

богоненавистен (СС266а16) Gott verhasst

богоносец (СС264в3) Theophoros

богообразен (СС25866) gottgestaltig

богооправдание ► теодицея

богоотец (ХС 222) Gottesvater (Titel Davids und Joachims)

богоотстъпник (ПЦСС 52) Apostat

богоотстъпичество Apostasie

богоподобие (РКР 122-123) Gottesebenbildlichkeit

богопознание (РКР 123) Gotteserkenntnis

богопочитание (КБЕ 51) Gottesverehrung

богоприемец (ХС 222) Gottesempfänger (Bezeichnung Joachims und Simeons), **богоприемен** (НЙ VII 4, 67, 5) gottempfänglich

богородители Gotteseltern (Titel Marias und Josephs)

Богородица (КБЕ 51-52) Gottesgebärerin, **Богородица, благовещение на** (ЖНС 161) Verkündigung der Gottesmutter, **Богородица владичица** (ПЦСС 79) Gottesmutter Herrscherin, **Богородица, въведение на** (КБЕ 71) Einführung der Gottesmutter, **Богородица, Голяма** (ЖНС 367) Transitus Mariae, **Богородица живоносен източник** (ПЦСС 183) Gottesmutter lebenspendende Quelle, **Богородица, Малка** (ЖНС 424) Fest der Mariengeburt, **Богородица милостива** (ПЦСС 1054) Gottesmutter Eleousa, **Богородица, непорочна** (ПЦСС 348) unbefleckte Gottesmutter, **Богородица Победоносица** (ПЦСС 436) Gottesmutter Siegbringerin, **Богородица, полагане одежда на** (ЖНС 321) Gewandniederlegung der Gottesmutter, **Богородица полагане пояс на** (ЖНС 405) Gürtelniederlegung der Gottesmutter, **Богородица, пресвета** (ЖНС 660) überaus heilige Gottesmutter, **Богородица приснодева** (ПЦСС 500) Gottesmutter Immerjungfrau, **Богородица Пътеводителка** (ПЦСС 377) Gottesmutter Wegführerin, **Богородица, рождество на** (ЖНС 424) Geburt der Gottesmutter, **Богородица Умиление** (ПЦСС 755) Gottesmutter Eleousa, **Богородица, успение на** (ЖНС 376) Entschlafen der Gottesmutter, **богородица Утешение** (ПЦСС 768) Gottesmutter Trösterin, **Богородица царица небесна** (ПЦСС 799) Gottesmutter Himmelskönigin

богородичен ▸ догматик

богородичен празник ▸ празник

богородична просфора ▸ просфора

богородичник ▸ догматик

богородично зачатие ▸ зачатие

богорождение (ЦЙ II 69, 14) Gottwerdung

богослов Theologe

богословие (ХС 222) Theologie, **богословие, Александрийско** (ХМ 69) alexandrinische Theologie, **богословие, Антиохийско** (ХМ 39) antiochenische Theologie, **богословие, апофатическо** (ФИ 150) apophatische Theologie, **богословие, диалектическо** (РКР 123) dialektische Theologie, **богословие, естествено** (ХМ 264) natürliche Theologie, **богословие, катафатично** (ФИ 153) kataphatische Theologie, **богословие, мистично** (ХМ 76) mystische Theologie, **богословие на иконата** (Л 36) Ikonentheologie, **богословие на кръста** (Реф 5) Kreuzestheologie, **богословие на надеждата** (ХМ 285) Theologie der Hoffnung, **богословие на освобождението** (РКР 123-124) Theologie der Befreiung, **богословие на процеса** (ХМ 283) Prozesstheologie, **богословие на словото** (Реф 14) Worttheologie, Theologie des Wortes, **богословие на труда** (КБЕ 52-53) theologische Arbeitsethik, **богословие, нравствено** (КБЕ 148) Moraltheologie, **богословие, политическо** (РКР 124) politische Theologie, **богословие, схоластическо** (Реф 19) scholastische Theologie, **богословие, феминистко** (ХМ 291) feministische Theologie

богослужебна реформа ▸ реформа

богослужебни книги ▸ книги

богослужебни одежди ▸ одежди

богослужение (КБЕ 55-56) Gottesdienst, **богослужение, обществено** Gemeindegottesdienst, **богослужение, частно** Kasualgottesdienst

богосъзерцателен (НЙ VII 1, 28, 3) Gott schauend

боготворя (ПЦСС 53) vergotten, **боготворен** (НЙ I 1, 7, 7) von Gott gemacht

богоугоден (Л 52) Gott genehm

богохулствувам Gott lästern, **богохулен** gotteslästerlich

богохулник Gotteslästerer

богохулство (БР 65) Gotteslästerung

богоцентричен (Л 52) theozentrisch

богочовек (КБЕ 56) Gottmensch

богочовечество (РКР 125) Theanthropie

богоявление (КБЕ 56) Theophanie, Erscheinung Christi, Epiphanie, Epiphanias, **богоявленска вода** Epiphaniaswasser

бодърствуване ▸ бдение

Боеций, Аниций (ХМ 94) Boetius, Anicius

божествен (НЙ I 3, 9, 4) göttlich

божествена литургия ▸ литургия

божествена светлина ▸ светлина

божествен човек ▸ човек

божествен произход ▸ произход

божествено право ▸ право

божественост (НЙ IV 1, 20, 14) Göttlichkeit

божество (Л 46) Gottheit

Божи ► Gottes-, göttlich

Божи гняв ► гняв

Божи град ► град

Божи гроб ► гроб

Божи ден ► ден

Божи дом ► дом

Божи образ ► образ

Божи присъда ► присъда

Божи промисъл ► промисъл

Божи раб ► раб

Божи син ► син

Божи страх ► страх

Божи съд ► съд

Божи труд ► труд

Божие провидение ► провидение

Божие слово ► слово

Божие царство ► царство

Божия благодат ► благодат

Божия майка ► майка

Божия обител ► обител

Божия правда ► правда

Божия премъдрост ► премъдрост

Божия свобода ► свобода

Бонавентура, Джовани (РКР 126) Bonaventura, Giovanni

Бонски конференции (КБЕ 60) Bonner Konferenzen

Бонхьофер, Дитрих (ХМ 251) Bonhoeffer, Dietrich

борба за инвеститурите (лат. investitura = обличане, РЧД 337) Investiturstreit

босоноги кармелитки (ХМ 223) Barfüßerkarmeliterinnen

брак (КБЕ 60-62) 1. Ehe, 2. Trauung, брак, левиратен Leviratsehe, брак, смесен (ВВХ 191) Mischehe, брак, тайнство (КБЕ 62) Ehesakrament, брак, църковен (РКР 126) kirchliche Trauung

братолюбие (БР 304) Bruderliebe

братоубийство (БР 261) Brudermord

братство (БПЦ 34) 1. Bruderschaft, 2. Brüderlichkeit

братя минорити (ХМ 123) Minoritenbrüder

братя, Моравски (ХМ 214) mährische Brüder

братя на общия живот (ХМ 149) Brüder vom gemeinsamen Leben

бреве (гр. breve = кратко, КБЕ 62-63) Breve

бревиарий (КБЕ 63) Breviarium, Brevier

бреме (ПЦСС 59) Last, Bürde

Брестски събор ► събор

броеница, молитвена Rosenkranz

бръснач на Окам (Ф 315) Ockhams Rasiermesser

буквален смисъл ► смисъл

Букер ► Буцер

була (лат. bulla = петчат, КБЕ 64) Bulle, Bannbulle

була за евхаристия ► евхаристия

Бултман, Рудолф (ХМ 251) Bultmann, Rudolf

Бусер ► Буцер

Буцер, Мартин (ХМ 170) Bucer, Martin

бъдещ век ► век

бъдни вечер Heiligabend

Българска Патриаршия (РКР 127-128) bulgarisches Patriarchat

Българска Православна Църква (КБЕ 64-65) Bulgarische-Orthodoxe Kirche

бяла магия ► магия

бяла неделя ► неделя

бяло духовенство ► духовенство

бялоризец (ПЦСС 64) Angehöriger des weißen Klerus

бяс (БР 127) böser Geist, бесен (БР 127) besessen

В

Ваал (РКР 128) Baal

Вавилонска кула (РКР 128) Turm zu Babel

валденси (КБЕ 65-66) Waldenser

Валентин Гностик (РКР 129) Valentinus Gnosticus

Валсамон, Теодор (РКР 129) Balsamon, Theodor

вана (нем. *Wanne*, РЦД 163) Weihwasserbecken

Вардесан (ХМ 43) Bardaisan, Bardesanes

Варлаам Калабриец (ХМ 87) Barlaam von Kalabrien

Варнава (РКР 130) Barnabas

Варсануфий (П 445) Barsanuphius

Вартоломей (РКР 130-131) Bartholomäus, **Вартоло-**
меева нощ (РКР 130) Bartholomäusnacht

Варух (БР 75) Baruch

Василид (РКР 131) Basilides

василиева литургия ▸ литургия

Василий Велики / Кесарийски (РКР 131) Basilius
der Große / von Caesarea

Василий Селевкийски (П 432) Basilius von Seleukeia

Ватикан (КБЕ 66) Vatikan

Ватикански кодекс ▸ кодекс

Ватикански събори ▸ събор

вая ▸ цветница

вдъхновение (КБЕ 66) Inspiration

Веелцевул (РКР 133) Beelzebub

велик канон ▸ канон

велик поклон ▸ поклон

велик пост ▸ пост

велик прокимен ▸ прокимен

велик часослов ▸ часослов

велика ектения ▸ ектения

велика лавра ▸ лавра

велика седмица ▸ седмица

велика сряда ▸ сряда

велика схизма ▸ схизма

велика събота ▸ събота

велика църква ▸ църква

Великден (БР 76) Ostern

Великден, конски ▸ Тодоровден

Велики Четвъртък ▸ Четвъртък

велико славословие ▸ славословие

великомъченик, -ица (ХС 224) Großmärtyrer, -in

великосхимник (Л 340) Träger des Großen Schema

Великотърновска митрополия (ХС 205) Metropolie
von Veliko Turnovo

величание (ПЦСС 71) Megalynarion, Lobgesang,
Magnificat

венец (КБЕ 68) Hochzeitskrone, Kranz, **венец,**
мъченически (ПЦСС 114) Märtyrerkranz, Märtyrer-
krone

Вениамин (РКР 133) Benjamin

венчание / венчавка (Л 308) kirchliches Trauritual,
Trauung, Hochzeitskrönung

венчавам kirchlich trauen, **венчавам се** sich kirchlich
trauen lassen

верен (Л 29) gläubig

вериги на Петър (ПЦСС 72) vincula Petri

вероизповедание (ЗЗВ) Glaubensbekenntnis, **вероиз-**
поведание, право на (ЗЗВ) Recht auf Religions-
ausübung, **вероизповедание, четириградско / те-**
траполитанско (Реф 75) Confessio tetrapolitana,
Vierstädtebekenntnis, **вероизповедания, закон за**
(ЗЗВ) Religionsgesetz, **вероизповедна формула** (БР
77) Bekenntnisformel

вероопределение ▸ догма

вероотстъпник ▸ отстъпник

веротърпимост ▸ търпимост

вероучение (БПЦ 76) Religionsunterricht

версия, ревизирана стандартна (БР 53) Revised
Standard Version

верска нетърпимост ▸ нетърпимост

верска основа ▸ основа

верска търпимост ▸ търпимост

верую (РКР 134) Glaubensbekenntnis

вечен (Л 240) ewig

вечен живот ▸ живот

вечер на любовта ▸ агапе

вечерна молитва ▸ вечерня

вечерня (КБЕ 68) Abendgottesdienst, **вечерня, азма-**
тическа (Л 149) gesungener Abendgottesdienst

вечеря, Господня / Тайна / Христова (РКР 134)
Tisch des Herrn

вечна памет ▸ памет

вечно раждане ► раждане

вечно съществуващ ► съществуващ

вечност (КБЕ 68-69) Ewigkeit, вечност на Бога (Ф 107) Ewigkeit Gottes, вечност на света (Ф 26) Ewigkeit der Welt

вид (Ф 125) Gestalt, species

видение (РКР 134-135) Gesicht, Vision, Erscheinung

видима глава на църквата ► глава

видима църква ► църква

видим свят ► свят

Видинска митрополия (ХС 205) Metropolie von Vidin

визитация (КБЕ 69) visitatio

викарий (лат. *vicarius* = наместник, КБЕ 69) 1. Stellvertreter des orthodoxen Erzbischofs, 2. Stellvertreter des protestantischen Pastors, викарий, апостолски (РЧД 173) apostolischer Vikar

Викентий Лерински (РКР 135) Vinzenz von Lerinum

Викторин, Марий (П 201) Victorinus, Marius

вина (КБЕ 69-70) Schuld

вино евхаристично / вино причастно (ПЦСС 77) Abendmahlswein

висока църква ► църква

високо място ► място

високоблагоговейнство (ХС 205) Titel des Stellvertreters eines Erzbischofs

високогледащ (ПЦСС 111) Meteoros

високопреосвещенство (КБЕ 70) Hochgeweihter (Ehrentitel des Metropoliten)

високопреподобие (ХС 205) Hochehrwürden (Ehrentitel des Archimandriten)

висше битие ► битие

висше благо ► благо

вишни (ПЦСС 112) der Hohe, Erhabene, Höchste

Витлеем (РКР 136) Bethlehem, Витлеемска звезда Stern von Bethlehem, Витлеемска пещера (Л 58) Höhle von Bethlehem

владика, -чица (ХС 224) Gebieter, -in, владишки трон (ПЦСС 1114) Bischofsthron

власт на свещенодействие (ПЦСС 587) priesterliche Gewalt, priesterliche Vollmacht

власт на учителство (ПЦСС 771) Lehrgewalt

власт, църковна (КБЕ 70) kirchliche Macht, kirchliche Vollmacht

власти (ПЦСС 80) Engelmächte, Mächte, власти, учението за двете Zweireichelehre

влъхви (КБЕ 70) Weise aus dem Morgenland

внимание (ПЦСС 81) Achtung, Aufmerken

Воанергес (ПЦСС 82) Donnersohn

вода на очищението (БЕ 158) Reinigungswasser

вода, света (Л 316) Weihwasser

водоосвещение (Л 316) Wasserweihritual

водопоръсване (Л 316) Besprengung mit Wasser

водосвет, велик (РКР 137) große Wasserweihe

водосвет, малък (Л 117) kleine Wasserweihe

военен свещеник (Реф 57) Militärgeistlicher

войнство, небесно (ПЦСС 91) himmlische Heerscharen

волунтаристична етика ► етика

воля (Ф 113) Wille, воля Божия (РКР 138) Gottes Wille, воля, гномическа (ВБ 54) gnomischer Wille, воля, робска (Реф 35) unfreier Wille, воля, свободна (РКР 137) freier Wille

Вормският конкордат (РКР 208) Wormser Konkordat

врата, адова (БЕ 30) Höllenpforte

врата, златна (ПЦСС 99) goldene Pforte

врата, храмова (ПЦСС 100) Tempelpforte

Врачанска митрополия (ХС 205) Metropolie von Vraza

време (Ф 108) Zeit

Връбница ► Цветница

вседържител (Л 68) Pantokrator

вселена (ПЦСС 103) Oikumene, Вселенска Вяра (НС) allgemeiner Glaube, Вселенска Патриаршия (КБЕ 71) ökumenisches Patriarchat, вселенска църква (БПЦ 34) allgemeine Kirche

вселенски събор ► събор

всемогъщ (Л 171) allmächtig, Allmächtiger

всенощна ► бдение

всеобщ църковен събор ► събор

всеоръжие Божие (ПЦСС 104) Waffenrüstung Gottes, всеоръжие, догматическо Panoplia dogmatika

всеправославно съвещание (ВВХ 186) Panorthodoxe Beratung

всепреподобие (ХС 205) Allehrwürden (Ehrentitel des Hieromonach)

всесвет (АМ) allerheiligst

всесъжение (БЕ 166) Ganzopfer

всецарица (ПЦСС 105) Allherrscherin

всецяло съединение ► съединение

вси светии (Реф 23) Allerheiligen

втора Лондонска изповед (ХМ 211) Zweites Londoner Bekenntnis

втори брак ► брак

втори Никейски събор ► събор

вторник, велики (Л 94) Dienstag der Karwoche

второзаконие (БР 87) Deuteronomium, второзаконен документ (БР 87) Deuteronomist

второ кръщение ► кръщение

второ пришествие ► пришествие

Вулгата (лат. vulgata = народна) (РКР 138-139) Vulgata

вход, велик (ПЦСС 107) großer Einzug

Вход Господен (ХС 225) Einzug Christi in Jerusalem

вход, малък (ПЦСС 107) kleiner Einzug

Въведение ► Богородица

въгленица (БР 166) Kohlepfanne

въглища (БР 166) Kohle, Holzscheite

възглавяване (ПЦСС 85) Anakephalaiosis, Recapitulatio

възглас (ХС 225) Ekphonese, Lautgebet

въздвижение на Кръста Господен (ЖНС 435) Fest der Kreuzeserhöhung

въздух, голям (Л 107) großes Velum

въздух, малък (Л 107) kleines Velum

въздържание (БР 89) Enthaltsamkeit

възкресение (БР 89) Auferweckung, възкресение от мъртвите (ХС 226) Auferweckung von den Toten, възкресение Христово (РКР 139) Christi Auferweckung, възкресение на мъртвите (ХС 226) Auferweckung der Toten

възкресявам auferwecken

възкръсвам (НС) auferstehen

възкръсване Auferstehung

възкресение на тялото Auferweckung des Leibes

възлагане на ръце (ХС 226) Handauflegung

възлюбен син ► син

Възнесение Господне / Христово (РКР 139-140) Himmelfahrt des Herrn / Christi

Възнесение на Дева Мария (ВВХ 188) Himmelfahrt der Jungfrau Maria

възпитание, религиозно (ЗЗВ) religiöse Erziehung

възпоменание ► анамнез

възприемник (Л 25) Taufpate

възраст, зряла (ТРБЕ 420) annus discretionis

възраст, канонична kanonisches Alter

възхвала (БР 91) Lob, Preis

външен отдел на църквата kirchliches Außenamt

въплъщавам (БР 92) Fleisch annehmen

въплъщение (БР 92) Inkarnation

въпросно-ответна литература (TL 227) Frageantworten, Erotapokriseis

върховен жрец ► жрец

върховен стремеж ► стремеж

върховенство ► примат

вътрешен двор ► двор

вътрешен морал ► морал

вътрешен човек ► човек

вътрешна молитва ► молитва

въцърковявам (Л 325) Einführung des Neugetauften in die Kirche

вяра (РКР 140) Glaube, вяра и дела (П 45) Glaube und Werke, вяра и знание (П 142) Glaube und Wissen, вяра и църковно устройство (ХМ 315) Glaube und Kirchenverfassung, вярата, свобода на (ЗЗВ) Glaubensfreiheit

вярвам (НС) glauben

Г

Гавриил, архангел (КБЕ 75) Erzengel Gabriel

Гавриил, събор на архангел ▸ събор

Гад (РКР 140) Gad

Галатяни, послание до (РКР 141) Galaterbrief

Галилейско езеро (ПЦСС 120) See Gennezareth

галиканизъм (РЧД 186) Gallikanismus

Гамалиил (РКР 142) Gamaliel

Гангърски събор ▸ събор

Гаризин (РКР 142) Garizim

Гедеон (РКР 142-143) Gideon

геена (евр. *gehenna* = долина на Еномовите, КБЕ 75) Gehenna, Hölle, **геена огнена** (ПЦСС 121) Feuerhölle

Геласий Кесарийски (П 291) Gelasios von Cäsarea

Генадий Марсилски (П 19) Gennadius von Marseille

Генадий Константинополски (П 362) Gennadios von Konstantinopel

Георгий Великомъченик (РКР 143) Georg Großmärtyrer, **Георгий Пизидес / Писидски** (П 466) Georg von Pisidien, **Георгий Софийски Нови** (Л 114) Georg von Sofia, der Jüngere, **Георгий Софийски Стари** (Л 114) Georg von Sofia, der Ältere

Георгьовден (ЖНС 204) Tag des Heiligen Georg

Герман Константинополски (РКР 144) Germanus von Konstantinopel

Германска Изповядваща църква (ХМ 256) Bekennende Kirche

Герсон, Жан (ХМ 150) Johannes Gerson

Гийом от Шампо (ХМ 115) Wilhelm von Champeaux

глава на църквата (Л 51) Haupt der Kirche, **глави** (ПЦСС 122) Kephalaia, Kapitel, **глави, трите** (ХМ 77) die drei Kapitel

глас (ПЦСС 123) 1. Stimme, 2. Ton in der Kirchemusik

глоси (гр. *glotta* = език, РКР 144) Glossen

глосолалия (РЧД 202) Glossolalie

гномическа воля ▸ воля

гносеология (гр. *gnoseologia* = учение за познанието, ФИ 150) Erkenntnislehre

гносеологична норма ▸ норма

гностици (П 105) Gnostiker

гностицизъм (РКР 144-145) Gnostizismus

гнусота (ПЦСС 125) Beflecktheit, Schmutzigkeit

гняв Божи (БР 207) Zorn Gottes

Гог и Магог (РКР 145) Gog und Magog

година, съботна (БР 543) Sabbatjahr

година, юбилейна (КБЕ 196-197) Halljahr

годишен кръг ▸ кръг

Голиат (РКР 146) Goliath

голяма богородица ▸ богородица

Гомор (РКР 146) Gomorrha

гонение (ПЦСС 128) Verfolgung

гора, господна ▸ гора

гора, света (ПЦСС 128) „Heiliger Berg": Sinai, Zion, Athos

гордост (ПЦСС 128) Hochmut, Stolz

горко (БР 108) Weh!

горница (Л 57) obere Etage, Obergeschoss

горно място (ПЦСС 129) Synthronon

Господ (РКР 146) Herr, **Господ Саваот** (ПЦСС 567) der Herr Zebaoth, **Господи** Herr!, **господи помилуй** Herr, erbarme dich! **господен** Herrn-

господне обрезание ▸ обрезание

Господни страсти ▸ страсти

Господня вечеря ▸ вечеря

Господен ден ▸ ден

Господня молитва ▸ молитва

господство (ПЦСС 130) Herrschaft, Pl.: Engel

Господски празници ▸ празници

гостоприемец (ПЦСС 130) Leiter des Gästehauses

гостоприемница (ПЦСС 130) Xenodochion, Hospiz

Готшалк (ХМ 110) Gottschalk

граал (ст.фр. *graal*, РКР 146) Graal

град, Божи (ХМ 60) civitas dei

град, земен (ХМ 60) civitas terrena

градове за убежище (БР 113) Asylstädte

Грациан (ХМ 116) Gratian

грегорианско пеене (Л 116) gregorianischer Gesang

грехопадение (РКР 146-147) Sündenfall

греша (ПЦСС 134) sündigen

грешник (ПЦСС 134) Sünder

григориански календар ▸ календар

Григорий I Велики / **Двоеслов** (РКР 148) Gregor I
der Große / Dialogus, **Григорий Назиански** / **Бого-
слов** (РКР 147-148) Gregor von Nazianz / der Theo-
loge, **Григорий Неокесарийски** / **Чудотворец**
(РКР 148) Gregor von Neokaisareia Thaumatourgos,
Григорий Нисийски (РКР 148) Gregor von Nyssa,
Григорий Палама (ХМ 79) Gregor Palamas,
Григорий Просветител (РКР 149) Gregor der Er-
leuchter, **Григорий Синаит** (РКР 149) Gregor Sinai-
tes, **Григорий Цамблак** (ХСЛ 417) Gregor Tsam-
blak, **гроб Господен** / **гроб Божи** (Л 30) Grab des
Herrn, Heiliges Grab

Грузинска Патриаршия (КБЕ 75) Georgisches Patri-
archat

грях (КБЕ 77) Sünde, **грях, първороден** (ВБ 48) Ur-
sünde, **грях, смъртен** (КБЕ 77) Todsünde, **грях,
учение за първородния грях** (ВБ 48) Ursünden-
lehre, **греховен** / **грешен** (БР 115-117) sündig, sünd-
haft

гъба / **гъбка** (Л 71) liturgischer Schwamm, **гъба, анти-
минсна** (ПЦСС 18) Antemensionsschwamm

Д

Давид (ЖНС 652) David

дамаскин (гр. *damaskenos* = от Дамаск, РКР 149) Beiname des Johannes von Damaskos, Erbauungsschrift

дамаскинар (ХСЛ 505) Autor eines Damaskin

Дан (РКР 149-150) Dan

Даниил (РКР 150) Daniel

дар (Л 251) Opfergabe, **дар, пророчески** prophetische Gabe, **Дарове на Светия Дух** (БР 123) Gaben des Heiligen Geistes

дароносница (ПЦСС 136) Gefäß für Krankenkommunion

дарохранителница (КБЕ 77) Artophorion, Brotschrein, Pyxis

дванадесет апостоли ► апостоли

дванадесет колена ► колена

дванадесет празници ► празници

двата меча, учение за ► меча

двата пътя, учение за ► пътя

двете власти, учение за ► власти

двете царства, учение за ► царства

двери, дяконски (РКР 151) Diakonikontüren

двери, царски (РКР 151) Königstüren

движение, икуменическо (ХМ 262) ökumenische Bewegung

движение петдесятно (ХМ 318) Pfingsbewegung

движение, харисматично (ХМ 191) charismatische Bewegung

двоверие (TL 29) Doppelglaube

двоен манастир ► манастир

Двоеслов ► Григорий

двойствена истина ► истина

двопеснец / двупеснец ► Diodion

двор, вътрешен (БЕ 213) Innenhof des Tempels

Дева Мария, пресвета (РКР 151-152) allerheiligste Jungfrau Maria

девица (БР 125) Jungfrau, **девически манастир** Frauenkloster

девствено зачатие ► зачатие

девствено раждане ► раждане

девство (Л 142) Jungfräulichkeit, Virginität

девтероисаия (гр. deuteros = втори + Isaia, БР 225) Deuterojesaja

дедуктивен метод ► метод

деизъм (лат. *deus* = бог, РКР 152) Deismus

деист (РЧД 221) Deist

Деисис (гр. *deesis* = молене, КБЕ 77-78) Deesis

деисисен ред ► ред

деификация (лат. *deificatio* = обоготворяване, РЧД 221) Vergottung

дейност, религиозна (ЗЗВ) religiöse Betätigung

действие ► енергия

Декалог ► десетте Божи заповеда

декан (лат. *decanus* = десетник, РЧД 222) Dekan

Декаполис (гр. *deka* = десет + *polis* = град, БР 126) Dekapolis

декреталия (лат. *decernere* = решавам, РЧД 226) Dekretalien

дематериализация (лат. *de* + *materia* = материя, РЧД 227) Entmaterialisierung

демитологизация (лат. *de* + гр. *mythologia* = митология, КБЕ 78) Entmythologisierung

демиург (гр. *demiurgos* = създател на света, ФИ 150-151) Demiurg

демон ► бяс

демоничен / демонически (гр. *daimon* = демон, РЧД 229) dämonisch

демонология (РЧД 229) Dämonologie

ден Господен (Л 86) Tag des Herrn

Ден на очищението (БР 127) Versöhnungstag

ден на покаяние и молитва Buß- und Bettag

ден на прощението Versöhnungstag

Денница ► Люцифер

денонощен кръг (Л 141) liturgischer Tageskreis

десетте Божи заповеда (КБЕ 78) Die Zehn Gebote

десетте члена ► члена

десятък (КБЕ 78) Zehnter

детерминизъм (лат. *determino* = ограничавам, РЧД 238) Determinismus

детско кръщение ► кръщение

Деус екс махина (лат. *deus ex machina* = бог от машината, РЧД 238) deus ex machina

деяние извършващ ► opus operans

деяние извършено ► opus operatum

деяния, апостолски (БР130) Apostelgeschichte

Деяния на светите апостоли (РКР 153-154) Geschichte der Heiligen Apostel

Джон Уесли (ХМ 250) John Wesley

Джон Уиклиф (ХМ 140) John Wycliff

Диадох Фотийски (П 360) Diadochos von Photike

диакон (гр. *diakonos* = служител, КБЕ 83) Diakon

диаконик / диаконикон (Л 64) Diakonikon

диакониса (Л 24) Diakonisse, Diakonin

диаконица Frau des Diakons

диакония (РЧД 245) Diakonie

диалектика (гр. *dialego* = водя разговор, Ф 174) Dialektik

диалог, икуменически ► икуменизъм

диаспора (гр. *diaspora* = разсейване, КБЕ 80) Diaspora

дидаскалия, апостолска (Л 21) Didaskalia apostolorum

дидаскалия, сирийска (Л 22) syrische Didaskalia

дидахи (гр. *didache* = учение, Л 16) Didache

Дидим Александрийски (РКР 154) Didymus von Alexandria

дикирий (гр. *dyo* = два + keros = свещ, КБЕ 80) Dikerion

димисориале (лат. *dimittere* = отпускам, РЧД) Dimissoriale

Димитрий Сливенски (ЖНС 75) Demetrios von Sliven

Димитър Солунски / мироточиви (ЖНС 538) Demetrios von Thessaloniki / Myronfließender

Диодор Тарсийски (РКР 154-155) Diodor von Tarsus

Дионисий Александрийски (ЖНС 489) Dionysius von Alexandria

Дионисий Ареопагит (РКР 155) Dionysius Areopagites

Дионисий Коринтски (П 138) Dionysios von Korinth

Диоскор Александийски (РКР 155) Dioskur von Alexandria

диоцез (гр. *oikeo* = живея, РКР 155) Diözese

диофизитизъм (гр. *dyo* + *physis* = природа, ВБ 48) Dyophysitismus

диптих (гр. *diptychos* = сгънат на две, КБЕ 80) Dyptichon

дископокровец (ПЦСС 145) Velum des Diskos

дискос (гр. *diskos* = кръгла плочка, КБЕ 80-81) Diskos, Patene

диспенсационализъм (лат. *dispenso* = раздавам, ХМ 248) Dispensationalismus

диспут (лат. *disputato* = разисквам, РЧД 260) Disputation, **диспутът в Хайделберг** (Реф 22) Heidelberger Disputation

дисциплина, църковна (Реф 88) kirchliche Disziplin

дитеизъм (гр. *dyo* + *theos* = бог, РЧД 261) Dyotheismus

дихотомия (гр. *dichotomia* = разделение на две, КБЕ 81) Dichotomie

длъжник (ОН) Schuldner

Добрият Пастир ► Пастир

доброволна изповед ► изповед

добродетел (КБЕ 82-83) Tugend, **добродетели, богословски** (КБЕ 53-54) theologische Tugenden, **добродетели, кардинални / философски** (КБЕ 185) Kardinaltugenden / philosophische Tugenden

добротолюбие (РКР 156) Philokalia

догма / догмат (гр. *dogma* = мнение, КБЕ 83-84) Dogma, Lehre, Glaubenswahrheit, **догма, тринитарна** Trinitätsdogma

догматизирам (РЧД 264) zum Dogma erheben

догматизъм (РЧД 264) Dogmatismus

догматик (РЧД 264) Dogmatiker, Muttergotteshymnus, **догматик, богородичен** (Л 125) Muttergotteshymnus, Marienhymnus

догматика (КБЕ 84) Dogmatik, **догматичен / догматически** (РЧД 264) dogmatisch

доказателство за съществуването на Бога, космологическо (РКР 156) kosmologischer Gottesbeweis

доказателство за съществуването на Бога, онтологическо (РКР 156) ontologischer Gottesbeweis

докети (гр. *dokeo* = изглеждам, П 71) Doketen

докетизъм (КБЕ 84) Doketismus

доксология (гр. *doxa* = слава + *logos* = дума, ФИ 151) Doxologie

доктрина (лат. *docere* = уча, РЧД 265) Lehre

долина гиномова ► гиномова долина

дом архиерейски Bischofsresidenz

дом Божий (ПЦСС 150) Haus Gottes

дом Господен (ПЦСС 150) Haus des Herrn

домашна църква ► църква, домашна

Доминик (ХМ 218) Dominikus

Доминиканска школа ► школа

Доминикански орден ► орден

доминиканец (РКР 214) Dominikaner

домостроителство (ПЦСС 150) Heilsökonomie

донатизъм (РКР 157) Donatismus

донатист (КБЕ 84) Donatist

допускане Zulassung, Admissio

дорифор (гр. *doryphoros* = копиеносец) Doryphoros

Доростолска и Червенска Митрополия Metropolie von Dorostol und Tscherven

Дортски синод (ХМ 98) Synode von Doordrecht

Доситей Йерусалимски (ХМ 90) Dositheos von Jerusalem

достойнство (БПЦ 12) Würde, **достойнство свещенство** Priesterwürde, **достойно ест** (ЖНС 282) es ist würdig

дохристиянски vorchristlich

дракон (гр. drakon, РЧД 268) Drache

древни източни църкви ► църкви

другосъщен eines anderen Wesens

дружество, библейско (КБЕ 47-48) Biblegesellschaft

дуалист (лат. *dualis* = двойствен, КБЕ 84) Dualist

дуализъм, онтологичен / онтологически (ФИ 151) ontologischer Dualismus, **дуалистичен / дуалистически** (РЧД 270) dualistisch

дух (РКР 158) Geist, **дух Божи** Geist Gottes, **дух на смирението** Geist der Demut, **дух приведен** Spiritus tradux, **дух свети** (КБЕ 85-86) Heiliger Geist, **духове, зли** böse Geister

духоборство (РКР 159) Pneumatomachismus

духовен живот ► живот

духовен луг ► луг

духовен наставник ► наставник

духовен отец ► отец

духовен син ► син

духовенство, бяло (ХС 228) weiße Geistlichkeit

духовенство, черно (ХС 228) schwarze Geistlichkeit

Духовна академия ► академия

духовна беседа ► беседа

духовна култура ► култура

духовна ливада ► ливада

духовна семинария ► семинария

духовна храна ► храна

духовни концерти ► концерти

духовни правления ► правления

духовни стихи ► стихи

духовни францискани ► францискани

духовник (БПЦ 24) Geistlicher, **духовно разбиране** geistliches Verstehen

духовност (ЗЗВ) Spiritualität

духом im Geiste, geistlich

душа (КБЕ 86) Seele, Gemüt, **душата, прераждане на** Präexsistenz der Seele, **душа, световна** (Ф 35) Weltseele, **душата, спасението на** Seelenrettung

душебен покой ► покой, душевен

дълг (БР 138) Schuld, **дълг, християнски** Christenpflicht

дължимо съзнание ► съзнание

Дънс Скот, Йоан (РКР 159-160) Johannes Duns Scotus

дърво за познание добро и зло (РКР 160) Baum der Erkenntnis des Guten und Bösen

дърво на живота (TL 32) Lebensbaum

държава, папска (ВВХ 204) Kirchenstaat

държавна църква ► църква

Дьолингер, Игнац фон (ХМ 302) Ignaz von Döllinger

дявол (гр. diabolos = клетвеник, РКР 160-161) Teufel, **дяволски** (РЧД 273) teuflisch

дяк (гр. *diakoneo* = служа, РЧД 273) Angehöriger des niederen Klerus (Sänger oder Leser)

дякон ► диакон

дякониса ► диакониса

дяконица ► диаконица

Е

ебионити / евионити (П 70) Ebioniten

Ева (РКР) Eva

Евагрий Понтийски (П 224) Evagrius Ponticus

Евагрий Схоластик (П 334) Evagrius Scholastikus

евангелие (гр. *euangelion* = благовестие, КБЕ 86) Evangelium, **евангелие, напрестолно** Evangeliar, **евангелие на Никодим** Nikodemusevangelium, **евангелие на Яков, първо** (Л 13) Protevangelium des Jakobus, **евангелие от Йоана** (ПЦСС 164-165) Johannesevangelium, **евангелие от Лука** (ПЦСС 164-165) Lukasevangelium, **евангелие от Марка** (ПЦСС 164-165) Markusevangelium, **евангелие от Матея** (ПЦСС 164-165) Matthäusevangelium, **евангелски / евангелистки** (ПЦСС 165) Evangeliums-, evangelisch

евнангелизация (КБЕ 86-87) Evangeliserung

евангелизаторска работа ► работа

евангелизъм (РЧД 274) 1. Evangelisierung, Protestantismus

евангелист (КБЕ 87-88) 1. Evangelist, 2. protestantischer Christ, **евангелисти, четирима** vier Evangelisten, **евангелия, синоптични** synoptische Evangelien

евангелска църква ► църква

евангелски празници ► празници

евангелско учение ► учение

Евномий (П 251) Eunomius

евномиани (П 251) Eunomianer

евномианство (РКР 162-163) Eunomianismus

евреин (гр. *hebraios* = евреин, РКР 163) Jude, Hebräer, **евреи, послание до** (РКР 163) Hebräerbrief, **евреи християни** Judenchristen

евсевиани (ПЦСС 166) Eusebianer

Евсевий Верчелски (П 381) Euseb von Vercelli

Евсевий Кесарийски (РКР 163) Euseb von Caesaräa

Евсевий Никомидийски (П 209) Euseb von Nikomedien

Евстатий Антиохийски (ЖНС 112) Eustatius von Antiochia

Евтимий Търновски (ЖНС 52) Euthymios von Turnovo

Евтихий (П 295) Eutyches

евтихиани (ПЦСС 166) Eutychianer

евтихианство (ВБ 49) Eutychianismus

евхаристиен канон ► канон

евхаристична мистика ► мистика

евхаристийна молитва ► молитва

евхаристийна общност ► общност

евхаристика (гр. *eucharisteo* = благодаря, РЧД 277) Eucharistielehre

евхаристия (ФИ 151) Eucharistie, **евхаристия, тайнство** (КБЕ 88-89) Eucharistiesakrament

евхити (гр. *euchomai* = моля се, ПЦСС 167) Euchiten, Messalianer

евхологий (РКР 163-164) Euchologium

Едем (РКР 164) Eden, **Едем, градината на** (РЧД 278) Garten Eden

Едеска школа (РКР 164) Schule von Edessa

едикт, Медиолански (ВВХ 55) Edikt von Mailand

едикт, Нантски Edikt von Nantes

Единбургска конференция (ВВХ 192) Konferenz von Edinburgh

единоверен (ПЦСС 168) eines Glaubens

единогласие (ПЦСС 168) Einstimmigkeit

единороден (НС) eingeboren

единороден син ► син

единосъщие (НС) Homousie, **единосъщен** (РКР 164-165) eines Wesens, **единосъщен с Оца** (НС) eines Wesens mit dem Vater

единство (РКР 165) Einheit, **единство във вярата** Einheit im Glauben, **единство, ипостасно** (ВБ 54) hypostatische Union, **единство между християните** Einheit unter Christen, **единство, пълно** (ВВХ 198) volle Einheit

една въплътена природа на Бог Слово eine fleischgewordene Natur des Gott-Logos

Ездра (РКР 165-166) Esra, **Ездра, апокалипсис на** Esraapokalypse, **Ездра, книга на** (БР 152) Esrabuch, **Ездра, реформа на** Reform Esras

езичество (ФИ 151) Heidentum

езичник (КБЕ 89-90) Heide

езотерично учение ▸ учение

Ек, Йохан (ХМ 162) Johannes Eck

екзарх (гр. *exarchos* = началник, КБЕ 90) Exarch

екзархат (РЧД 280) Exarchat, екзархатски (РЧД 280) Exarchats-

екзархийски устав ▸ устав

екзархист (РЧД 280) Anhänger des Exarchates

екзархия (РКР 166) Exarchie, екзархийски (РЧД 280) Exarchie-

екзегеза / екзегетика (гр. *exhegesis* = тълкуване, КБЕ 90) Exegese, екзегеза, Александрийска alexandrinische Exegese, екзегеза, Антиохийска antiochenische Exegese

екзегет (ФИ 152) Ausleger

екзорцизъм (гр. *exorkizo* = заклевам, РЧД 281) Exorzismus

екзорцист (КБЕ 90) Exorzist

еклезиарх (гр. *ekklesiarches* = глава на църквата, РЧД 282) Ekklesiarch

еклезиархия (РЧД 282) Herrschaft des Ekklesiarchen

еклесиология (РКР 167) Ekklesiologie

Еклисиаст (РКР 167) Ekklesiastes, Kohelet

еклога (гр. *ekloge* = избор, КБЕ 90) Ekloge

Еколампадий (ХМ 168) Ökolampadius

ексапостиларий (гр. *exapostello* = изпращам, РЧД 283) Exaposteilarion

екскомуникация (лат. *excommunicatio* = отлъчване от общността, РКР 167) Exkommunikation

екстаз (гр. *ekstasis* = възторг, РКР 167-168) Ekstase, екстатичен ekstatisch

екстатичен пророк ▸ пророк

ектезис (гр. *ekthesis* = изложение) Ekthesis

ектения (гр. *ektenia* = настоятелна молитва, КБЕ 90) Ektenie, ектения, мирна / велика (Л 131) Friedensektenie, Große Ektenie, ектения на верните (Л 131) Ektenie der Gläubigen, ектения на оглашените (Л 232) Ektenie der Katechumenen

Екхарт, Майстер Йохан (ХМ 140) Meister Johann Eckart

Еладската архиепископия (Ф 192) Helladisches Erzbistum

Елвирски събор ▸ събор

елевация (лат. *elevare* = издигане, РЧД 289) Elevation

елей (гр. *elaion* = масло, КБЕ 90-91) Salböl

Елена, равноапостолна царица (ЖНС 257) apostelgleiche Kaiserin Helena

Елеонска гора / Елеонска планина / Елеонски хълм (РКР 168) Ölberg

елеоосвещение (РКР 168) Krankensalbung, елеоосвещение, тайнство (КБЕ 91) Sakrament der Krankensalbung

елеопомазване (ПЦСС 172) Salbung

Елизавета (ЖНС 419) Elisabeth

елинизъм (гр. *hellen* = грък, РЧД 294) Hellenismus

елинисти (БР 158) Hellenisten, елинистичен / елинистически hellenistisch

Елисей (БР 157) Elisäus

Елише (П 375) Elische

Елохим (евр. *elohim* = бог, РКР 169) Elohim

Емануил (евр. *immanu-el* = бог с нас, РКР 169) Immanuel

еманация (лат. *emanatio* = изтичане, ФИ 152) Emanation

еманципация (лат. *emancipatio* = освобождение, КБЕ 91) Emanzipation

ендития (от гр. *endyo* = обличам) Altardecken

енголпие / енколпие (гр. *enkolpion* = нагръдник, Л 77) Enkolpion

енкратити (гр. *enkrates* = абстинент, Л 26) Enkratiten

енергия (гр. *energeia* = дейност, РЧД 300) Energie

енория (гр. *enoria* = район, КБЕ 92) Ortsgemeinde, Gemeindebezirk, енория в чужбина Auslandsgemeinde, енориаш (РЧД 300) Ortsgemeinden-, ortsgemeindlich

енотикон (гр. *henoo* = съединявам, КБЕ 92) Henotikon

Енох, Етиопски (БР 160) Henoch, äthiopischer

Енох, Славянски (ХСЛ 162) Henoch, slawischer

енциклика (гр. enkyklikos = общ, КБЕ 92) Enzyklika

еон (гр. *aion* = епоха, РКР 170) Aion, Äon

епанокамилавка (гр. epano = от горе + kamelos = камила, Л 78) Epanokamelauchion

епархийски манастир ▸ манастир

епархия (КБЕ 92) Eparchie, Diözese, Erzbistum, **епархия, задгранична** Auslandseparchie, **епархийски** (гр. *eparchos* = началник, РЧД 303) Eparchial-

епиклеза (гр. *epiklesis* = умоляване, РКР 170-171) Epiklese

епископ (гр. *episkopos* = надзирател, КБЕ 92) Bischof, **епископ помощник** Auxiliarbischof

епископат (РЧД 305) Episkopat

епископален (РЧД 305) episkopal

епископална църква ▶ църква

епископия (РЧД 305) 1. Bistum, 2. Bischofsamt

епископокрация (РЧД 305) bischöfliche Herrschaft

епископска катедра ▶ катедра

епископски синод ▶ синод

епископски сан ▶ сан

епископство (РЧД 305) Bistum

епитимия (гр. *epitimia* = наказание, КБЕ 92-93) Epitimie, Kirchenbuße, Kirchenstrafe, Pönitenz

епитрахил (гр. *epi* + *trachelos* = врат, КБЕ 93) Epitrachelion

епитроп (гр. *epitropos* = управител, РЧД 307) Epitropos, **епитропски** (РЧД 307) Epitropos-

Епифаний Кипърски (РКР 171) Epiphanius von Salamis

епохи, трите (РЧД 307) die drei Weltzeitalter

еремит (гр. *eremites* = пустник) Eremit

ерес (гр. *hairesis* = избор, КБЕ 93-94) Häresie

ересиарх (РЧД 307) Häresiarch

еретик, -ичка (КБЕ 94, РЧД 308) Häretiker, -in

еретизъм (РЧД 307) häretische Lehre

еретичен / еретически (РЧД 308) häretisch

Еригена ▶ Ериуген

еристика (гр. *eris* = спор, РЧД 308) Eristik

Ериуген, Йоан Скот (РКР 173) Johannes Scotus Eriugena

Ерм, пастир на (РКР 173) Hirt des Hermas

есеи (РКР 173) Essener

естество (ПЦСС 177) Natur

естествено богословие ▶ богословие

естествено право ▶ право

естетика, трансцендентална (РЧД 310) transzendentale Ästhetik

Естир (РКР 173) Esther

есхатология (гр. *eschatos* = последен + *logos* = дума, КБЕ 94-95) Eschatologie, **есхатология, предстояща** futurische Eschatologie, **есхатология, осъществена** realisierte Eschatologie, **есхатологичен** (РЧД 311) eschatologisch

етика Ethik, **етика, апробативна** approbative Ethik, **етика, библейска** (БР 170) biblische Ethik, **етика, волунтаристична** voluntaristische Ethik, **етика, контекстуална** kontextuelle Ethik, **етика, метафизическа** (КБЕ 138) metaphysische Ethik, **етика, нормативна** normative Ethik, **етика, теологична** theologische Ethik

етика, хетерономна heteronome Ethik, **етика, християнска** (КБЕ 187) christliche Ethik

етимасия (гр. *hetoimos* = готов) Hetoimasia

етнарх (гр. *ethnos* = народ + *archon* = владетел, Л 173) Ethnarch

етология (гр. *ethos* = морал + *logos* = дума, РЧД 313) Ethologie

Ефески събор ▶ събор

Ефесяни, послание до (БР 173) Epheserbrief

ефимерий (гр. *hemerios* = дневен, РЧД 313) Ephemerios

Ефрем (П 442) Ephraim, **Ефрем Сирин / Сирец** (РКР 174) Ephräm der Syrer

Ж

жезъл, архиерейски (КБЕ 96) Bischofsstab

желания, свети (XM 172) Pia Desideria

Женевски катехизис (ВВХ 186) Genfer Katechismus

жени мироносици (РКР 174) Myrrhophoren, myrontragende Frauen

женски манастир ‣ манастир

жертва (КБЕ 97-98) Opfer, **жертва, безкръвна** (КБЕ 98) unblutiges Opfer, **жертва очистителна** (ПЦСС 401) Reinigungsopfer

жертвам opfern

жертвен агнец ‣ агнец

жертвеник (КБЕ 98) Räucheraltar, Opferaltar, Altar der Zubereitung des eucharistischen Brotes, **жертвеник, кадилен** (ПЦСС 182) Rauchopferaltar

жертвоприношение (КБЕ 153) Opferung, **жертвоприношение, благодарствено** (ПЦСС 40) Dankopfer, **жертвоприношение, духовно** (ПЦСС 157) geistliches Opfer, **жертвоприношение за вина** Sühneopfer, Schuldopfer, **жертвоприношение, примирително** Versöhnungsopfer, **жертвоприношение, хлебно** Brotopfer, **жертвоприношение чрез изгаряне** Brandopfer

жестокосърдечен (ПЦСС 183) hartherzig

живоносен източник ‣ източник

живопис, християнски (Л 66) christliche Malerei

живот вечен (КБЕ 98) ewiges Leben

живот, духовен (ВБ 52) geistliches Leben

живот, иночески ‣ иночество

живот, общежитилен ‣ киновия

животворящ (ПЦСС 184) Leben schaffend

животопораждащ (НЙ X 3, 5, 10) lebenserzeugend

жидовстващи (КБЕ 98-99) Judaisierer

жилище Einwohnung

житие (ПЦСС 186) Vita, Heiligenleben, **житие, минейно** Menäenvita, **житие, проложно** Prologvita, **житие, пространно** ausführliche Vita, **житиен** Viten-

житиеписец Verfasser eines Heiligenlebens

жрец (РКР 175-176) heidnischer Priester, **жрец, върховен** (ПЦСС 186) Pontifex Maximus

жустификация (лат. *iustificatio* = оправдание, РЧД 317) Rechfertigung

3

заамвонна молитва ▸ молитва

забрана на образа Bilderverbot

завеса храмова (ХС 230) Tempelvorhang

завет (РКР 176-177) Testament, Bund, **Завет, нов** (Л 66) Neues Testament, **Завет, стар** (Л 66) Altes Testament, **Заветите на дванадесетте патриарха** Testament der zwölf Patriarchen, **Завет на нашия Господ** Testamentum Domini nostri

Завулон (БР 117) Zebulon

заговеси (ПЦСС 191) Fastenabend

загубена овца ▸ овца

задгранична епархия ▸ епархия

задгробен живот ▸ живот

задиорданска страна ▸ страна

задушница (Л 101) Totengedenktag

задължение за опазване на тайнства Arkandisziplin

задължителна изповед ▸ изповед

задължителна тайна ▸ тайна

заклеймяване на сатана Verfluchung des Satans

заклинание (РКР 177) Zauberspruch, Fluch

заклинател (ПЦСС 192) Verflucher

заклятие (ПЦСС 192) Verfluchung

закон (РКР 177) Gesetz, **закон за чистота** (ПЦСС 824) Reinheitsgebot, Reinheitsgesetz, **закон, Мойсеев** (РКР 177) mosaisches Gesetz, **закон, нравствен** (КБЕ 147) Sittengesetz, **законов сборник, девтерономистичен** deuteronomistisches Gesetzbuch

законник (РКР 178) Gesetzeslehrer

закоравявам verstockt werden

закоравяване Verstockung

Закхей (РКР 178) Zachäus

Запад / Западна Европа Westen, Abendland

Западна църква ▸ църква

западници „Westler"

Западно-средноевропейска епархия (ХС 205) west- und mitteleuropäische Eparchie

запазвам ▸ спадявам

заповед (ПЦСС 195) Gebot, **заповеди, Десете Божи** (РКР 178) die zehn Gebote

застъпник, -ица (ПЦСС 196) Fürsprecher, -in

застъпничество, молитвено Interzession

затворник, -иица (ПЦСС 196) Rekluse, -in

заупокойни служби ▸ служби

Захарий / Захария (РКР 179) Sacharija, Zacharias

зачало (ПЦСС 197) Perikope

зачатие Empfängnis, **зачатие Богородично** (РКР 179) Empfängnis der Gottesmutter, **зачатие девствено** (ПЦСС 197) jungfräuliche Empfängnis, **зачатие, непорочно** (ВВХ 188) unbefleckte Empfängnis

защитник на вярата (БПЦ 19) defensor fidei

звезда ▸ звездица

звезда, Витлеемска (РКР 179-180) Stern von Bethlehem

звездица (Л 70) Sternbogen

Зеведей (РКР 176) Zebedäus

зелот / зилот (гр. *zelotes* = ревнител, РЧД 320) Zelot

зелотизъм / зилотизъм (РЧД 320) Zelotenbewegung

земен град ▸ град

земна държава ▸ държава

земен поклон ▸ поклон

земната църква ▸ църква

земя (НС) Erde, **земя, обетована** gelobtes Land, **земя, света** (ПЦСС 201) Heiliges Land, **земен** (ПЦСС 200) irdisch

Зинон Веронски (П 381) Zeno von Verona

Злата Мъгленска (Л 114) Zlata von Muglen

златен телец ▸ телец

златна врата ▸ врата

златна легенда ▸ легенда

златна църква ▸ църква

златно правило (КБЕ 100) goldene Regel

Златоглаголив, Петър ▸ Петър

Златоструй (ХСЛ 93) Goldstrom

Златоуст, Йоан ▸ Йоан

златоустова литургия ▸ литургия

зли духове ▸ духове

знак на завета Bundeszeicheichen

знамение (РКР 180) 1. Vorzeichen, Omen, 2. Zeichen, Note

знаменно пеене (ПЦСС 206) ekphoenitsche Notation

зограф / **зоограф** (гр. *zoe* = живот + *grapho* = пиша,
РКР 180) 1. Ikonenmaler, 2. Name eines Athosklosters

зографисам / **зоографисам** / **зографисвам** / **зоографизвам** Ikonen malen

зография / **зоография** (РЧД 321) Ikonenmalerei

Зонара, Йоан ▸ Йоан

Зоровавел (РКР 180) Zorobabel

зряла възраст ▸ възраст

И

Ива Едески (П 350) Ibas von Edessa

Иван Рилски (ЖНС 383) Ivan von Rila

Игнатий Богоносец (РКР 181-182) Ignatius Theophorus, Ignatius von Antiochia, **Игнатий Лойола** (ВВХ 180) Ignatius von Loyola

игумен, -ка (гр. *hegumenos*= предводител, ХС 230-231, РЧД 324) Igumen, -ka

идиоритмия (гр. *idios* = собствен + *rhythmos* = ритъм, TL 96) Idiorrhythmie

идол (гр. *eidos* = вид, КБЕ 102) Idol, Götze, Abgott

идолатрия (гр. *eidolon* = идол + *latreia* = поклонство, КБЕ 102) Idolatrie

идолопоклонник (БР 105) Götzendiener, Götzenanbeter

идолопоклонничество / идолопоклонство (РКР 182) Götzendienst

идолослужител (ПЦСС 209) Götzendiener

идолослужение (КБЕ 102) Götzendienst

Иезекиил (РКР 183) Hesekiel

иезуит ▸ йезуит

иерарх (гр. *hieros* = свет + *archon* = владетел, КБЕ 117) Hierarch, **иерархичен / иерархически** (НЙ II, 5, 11, 48) hierarchisch, **иерархическа степен** (ВВХ 203) Stufe in der Hierarchie

иерархия (РКР 183) Hierarchie, **иерархия, Божествена** göttliche Hierarchie, **иерархия, небесна** himmlische Hierarchie

иерей (гр. *hiereus* = свещеник, КБЕ 117) Priester, Presbyter

Иеремия (РКР 183) Jeremia

иерогамия (гр. *hieros* = свет + *gamos* = брак) Hierogamie

иеродиакон / иеродякон (гр. *hieros* + diakonos = служител, РКР 183) Hierodiakon

иеромонах (гр. *hieros* + *monachos* = монах, КБЕ 117-118) Hieromonach, Mönchpriester

иеромъченик Märtyrer im Priesterrang

Иероним (РКР 184) Hieronymus

иеросхимонах (гр. *hieros* + *schema* = схима + monachos, ПЦСС 235) Schimapriestermönch

Иесеев корен (TL 459) Wurzel Jesse

Иехова (евр. *jhwh* = Яхве + вокализация на adonai = Господ, КБЕ 118) Jehova

избавя (ПЦСС 210) erlösen

избавител (Л 166) Erlöser

избирам (ПЦСС 211) erwählen

избрание (ПЦСС 211) Erwählung

избраният народ ▸ народ

изваяние (ПЦСС 211) Abbild, Ebenbild, Bildnis

извор на знанието (ПЦСС 212) Quelle der Erkenntnis

изговарям напразно unnütz gebrauchen

изгонвам (ПЦСС 214) austreiben

изкупвам / изкупувам loskaufen

изкупване Loskauf

изкупител (БР 206) Erlöser

изкупление (КБЕ 102) Loskauf, Erlösung, **изкупление, учение за** (ХМ 260) Erlösungslehre, **изкупително дело** Erlösungswerk

изкусител Versucher

изкуство, раннохристиянско frühchristliche Kunst, **изкуство християнско** (КБЕ 102-103) christliche Kunst

изкушавам versuchen

изкушение (КБЕ 103) Versuchung

изложение на православната вяра (ПЦСС 215) Darlegung des Orthodoxen Glaubens

Измаил (РКР 184-185) Ismael

изобразителен (Л 192) monastische Akoluthie an liturgiefreien Tagen

изповед (Л 117) 1. Glaubensbekenntnis, 2. Sündenbekenntnis, Beichte, **изповед, дискретност на** (ЗЗВ) Beichtgeheimnis, **изповед, доброволна** (Реф 29) Freiwillige Beichte, **изповед, задължителена** (Реф 29) Pflichtbeichte, **изповед, тайна на** (ЗЗВ) Beichtgeheimnis, **изповед, тайнство на** (РКР 185) Beichtsakrament

изповедание (ЗЗВ) 1. Bekenntnis, 2. Konfession, 3. Religionsgemeinschaft

изповедник (РКР 185) Bekenner, Confessor

изповядвам се beichten, **изповядвам греховете си** seine Sünden beichten

изпъждане от рая Vertreibung aus dem Paradies

Израил (РКР 185) Israel, **Израилското царство** Königreich Israel

Източна църква ► църква

източник, живоносен (Л 108) Lebenspendende Quelle

източноправаславие Orthodoxie

Източносирийска църква ► църква

Изход (РКР 185) Exodus

изхождам (НС) hervorgehen

изхождане Hervorgehen (des Hlg. Geistes)

Иисус Навин (РКР 185) Josua

Иисус Син Сирахов (РКР 185-186) Jesus Sirach

Иисус Христос (КБЕ 103-107) Jesus Christus

Иисусова молитва ► молитва

икона (гр. *eikon* = образ, КБЕ 107-108) Ikone, Bild, **икона, неръкотворна** (ПЦСС 350) Acheiropoietos, nicht von Händen gemachte Ikone, **икона, процесуална** Prozessionsikone, **икона, чудотворна** (ПЦСС 828) wundertätige Ikone, **икони, царски** Königsikonen

иконоборство (КБЕ 108-109) Ikonoklasmus

иконограф (РЧД 330) Ikonenmaler

иконография (КБЕ 109) Ikonenmalerei, Ikonographie

иконом (гр. *oikos* = къща + *nomos* = закон, Л 301) Ökonom

икономия (РКР 188) Oikonomia

иконокласти (гр. *eikon* + *klao* = чупя, РЧД 330) Ikonoklasten

иконописец (РЧД 330) Ikonenmaler

иконопиство (РЧД 330) Ikonographie

иконопоклонство ► иконопочитание

иконопочитание (КБЕ 109-110) Ikonenverehrung

иконостас (гр. *eikon* + *stasis* = поставка, КБЕ 110) Ikonostase, Ikonenwand

икос (гр. *oikos* = къща, КБЕ 110-111) Ikos

Икумений (П 444) Oikoumenios

икуменизъм (КБЕ 111) Ökumenische Bewegung

икуменически диалог ► диалог

икуменическо движение ► движение

Иларий Пиктавийски (П 376) Hilarius von Poitiers

Иларион Велики (П 314) Hilarion der Große

Илдефонс от Толедо (П 19) Ildefonsus von Toledo

Илинден (Л 63) Eliastag

илитон (гр. *eileo* = завивам, РЧД 331) Eileton, Altardecke

Илия (РКР 189) Elia

илуминизъм / илюминизъм (лат. *illuminare* = осветлявам, Реф 30) Erleuchtungslehre

иманентност (лат. *immanere* = оставам един и същ, ФИ 153) Immanenz, **иманентен** (РЧД 332) immanent

имена на Бога (БР 246) Gottesnamen

име Иисусово (БР 221) der Name Jesu

имушество, църковно (ЗЗВ) kirchliche Immobilien

инвеститура (лат. *investio* = обличам, КБЕ 111) Investitur

Индекс на забранените книги (КБЕ 111) Index der verbotenen Bücher

индепенденти (англ. *independent* = независим, КБЕ 111-112) Indenpendents

индикт / индиктион (лат. *indictio*, КБЕ 112) Indiktion

индулгенция (лат. *indulgentia* = снизходиителност, КБЕ 113) Ablass

Инефабилис Деус (лат. *ineffabilis deus* = неизразимият бог, Реф 188) ineffabilis deus

инкарнация (лат. *incarnatio* = въплъщение, КБЕ 113) Inkarnation

инквизиция (лат. *inquisitio* = разпитване, КБЕ 113-114) Inquisition

иноверен (КБЕ 114) andersgläubig

инок, -иня (ХС 232) Einsiedler, -in

иночески живот ► живот

иночески обет ► обет

иночество ► монашество

инославен (КБЕ 114) anderskonfessionell

институция, благотворителна (ЗЗВ) wohltätige Einrichtung

интелектуализъм, етически (КБЕ 85-86) ethischer Intellektualismus

интердикт (лат. *interdictum* = забрана, КБЕ 114-115) Interdikt

интеркомунион (лат. *inter* = между + *communio* = причастие, РКР 190) Interkommunion, Abendmahlsgemeinschaft

интронизация (лат. *inthronisatio* = поставяне на престол, РЧД 345) Inthronisation

инфалибилитет (лат. *infallibilitas* = непогрешимост, КБЕ 115) Unfehlbarkeit, Infallibilität

ипакои (гр. *hypakoe* = послушност, РКР 195) Gehorsam

иподякон (гр. *hypo* = под + *diakonos* = служител, КБЕ 115) Hypodiakon

Иполит Римски (РКР 195) Hippolyt von Rom

ипостас (гр. *hypo* = под + *stasis* = поставка, ФИ 153) Hypostase

ипостасен съюз ► съюз

ипостасно единство ► единство

ипостасно съединение ► съединение

Ириней Лионски (П 124) Irenäus von Lyon

ирмологий / ирмология (гр. *heirmos* = начален стих + logos = дума, КБЕ 115) Heirmologion

ирмос (КБЕ 115) Heirmos

Ирод Агрипа (БР 222) Herodes Agrippa

Ирод Антипа (БР 222) Herodes Antipas

Ирод Архелай (БР 222) Herodes Archelaos

Ирод Велики (РКР 196) Herodes der Große

Иродиада (РКР 196) Herodias

ИС ХР НИКА (гр. *iesus christos nika* = Иисус Христос побеждава, Л 207) Jesus Christus siegt

Исаак (РКР 196) Isaak, **Исаак Сирец / Сирин** (РКР 197) Isaak von Ninive

Исав (РКР 196) Esau

Исайя (РКР 197) Jesajabuch

Исахар (БР 227) Issachar

Исидор Пелусиот / Пелусиотски (РКР 197) Isidor von Pelusium, **Исидор Севилски** (П 475) Isidor von Sevilla

исихазъм ► исихаство

исихаст (гр. *hesychos* = спокоен, КБЕ 115) Hesychast, **исихастки** (РЧД 352) hesychastisch

исихаство (КБЕ 115) Hesychasmus

исихия ► мълчание

Исихий Йерусаимски (П 358) Hesychius von Jerusalem

Искариот, Юда (РКР 199) Ischariot, Judas

истина (РКР 199) 1. Wahrheit, 2. wahrlich, **истина, евангелито на** evangelium veritatis, **истински** wahrhaftig

истинска църква ► църква

истински гностик ► гностик

истински пророк ► пророк

истински ценности ► ценности

история, свещена (Ф 19) Heilsgeschichte, **история, църковна** (КБЕ 116) Kirchengeschichte

Исус ► Иисус

итала (лат. *itala*, РКР 198) Itala

Й

Йезекиил (БР 241) Hesekiel

йезуит (ХМ 90) Jesuit, йезуитски генерал (РЧД 335) Jesuitengeneral

йезуитски орден ► орден

йерарх ► иерерах

йерархия ► иерархия

йерей ► иерей

Йеремия (БР 242) Jeremia

Йерихон ► Иерихон

йерогамия ► иерогамия

йеродякон ► иеродякон

йеромонах ► иеромонах

йеромъченик ► иеромъченик

Йероним ► Иероним

Йерусалим, горен (БР 245) oberes Jerusalem, Йерусалим, нов (Реф 46) neues Jerusalem, Йерусалимска патриаршия (КБЕ 118) orthodoxes Patriarchat von Jerusalem, Йерусалимски патерик Jerusalemer Paterikon, Йерусалимски събор ► събор

Йехова ► Иехова

Йоан (БР 241) Johannes, Йоан Богослов, апостол и евангелист (РКР 191) Johannes der Theologe, Apostel und Evangelist, Йоан Български (ЖНС 131) Johannes der Bulgare, Йоан Граматик (РКР 191) Johannes der Grammatiker, Йоан Дамаскин (РКР 191) Johannes Damaskenus, Йоан, Евангелие от (БР 248) Johannesevangelium, Йоан Екзарх (ХСЛ 64) Johannes der Exarch, Йоан Златоуст (РКР 191-192) Johannes Chrysostomus, Йоан Зонара (РКР 192) Johannes Zonaras, Йоан Касиан (ЖНС 121) Johannes Kassian, Йоан Кръстител (РКР 192) Johannes der Täufer, Йоан Кръстител, зачатие на (ЖНС 461) Empfängnis Johannes des Täufers, Йоан Кукузел (ЖНС 480) Johannes Kukuzel, Йоан Лествичник (РКР 192) Johannes Klimakos, Йоан милостиви (ЖНС 563) Johannes Eleemon, Йоан Мосх (РКР 192) Johannes Moschos, Йоан Предтеча (ЖНС 25) Johannes der Vorläufer, Йоан Предтеча и кръстител, събор на Johannistag, Йоан Рилски (РКР 192-

193) Johannes von Rila, Йоан Скилица (РКР 193) Johannes Skylitzes, Йоан, съборни послания на (БР 251) Johannesbrief

Йов (РКР 193) Hiob

Йоил (РКР 193) Joel

Йона (РКР 193-194) Jona

Йосиф (РКР 195) Joseph, Йосиф Ариматийски (РКР 195) Joseph von Arimathäa, Йосиф Обручник (РКР 195) Joseph, Verlobter der Maria

Йосия, реформа на (РКР 195) josianische Reform

Йохан Таулер (Ф 154) Johannes Tauler

К

кадене (Л 142) Beweihräucherung

кадилница (ХС 233) Weihrauchfäßchen

кадило (ПЦСС 240) Weihrauch

кадя beweihräuchern

казуистика (лат. *casus* = случай, РЧД 359) Kasuistik

казуистичен закон ► закон

Каиафа ► Каяфа

Кайетан (Реф 21) Cajetan

кайрос (гр. *kairos* = случай, КБЕ 119-120) Kairos

Калвин, Жан (КБЕ 120-121) Jean Calvin

калвинист (РЧД 362) Calvinist

калвинизъм (КБЕ 121) Calvinismus, калвинистки (РЧД 362) calvinistisch, evangelisch-reformiert

календар, нов (ПЦСС 241) neuer Kalender, календар, пасхален Verzeichnis der Ostertermine, календар, стар alter Kalender, календар, църковен (РКР 200-201) Kirchenkalender

калимавка ► камилавка

калугер (гр. *kalos* = хубав + *geron* = старец, КБЕ 121) „guter Greis", Kaluger

калугеря се (РЧД 362) zum Kaluger werden

камалдолски орден ► орден

камара, апостолска (лат. *camara* = стая, РЧД 365) apostolische Kammer

камбана (ит. *campana*) (Л 73) Kirchenglocke

камбанария (РЧД 366) Glockenturm

камилавка (гр. *kamelos* = камила, ХС 233) Kamelauchion

Кана Галилейска (РКР 201) Kana in Galiläa

канон (гр. *kanon* = ръководно начало, КБЕ 121-122) Kanon, Richtschnur, канон, агиографичен hagiographischer Kanon, канон, велик (Л 354) großer Kanon, канон, евхаристичен eucharistischer Kanon, канон, новозаветен neutestamentlicher Kanon, канон, пасхален Osterkanon, канон, покаен Bußkanon, канон, рождественски Weihnachtskanon, канон, старозаветен alttestamentlicher Kanon, канони на Иполит Kanones Hippolyts

канонизирам (РЧД 370) kanonisieren, heiligsprechen

канонизация (РКР 202) Kanonisierung, Heiligsprechung

каноник (РКР 202) 1. Kanonikos, 2. Regularkanoniker, 3. Kirchenrechtler, 4. liturgisches Buch

канонист (РЧД 370) Kanonist

каноническо право ► право

каноничност (РЧД 370) Kanonizität

канцелария, апостолска apostolische Kanzlei

кападокийските отци (ВБ 48) Kappadokische Väter

капела (лат. *cappa* = шапка, КБЕ 122) Kapelle

капелан / каплан (КБЕ 122) Kaplan, каплански / капелански (РЧД 372) Kaplans-

Капито, Волфганг Capito, Wolfgang

капуцин (лат. *caput* = глава, РЧД 375) Kapuziner, капуцински (РЧД 375) kapuzinisch

кардинал (лат. *cardo* = праг на врата, РКР 202) Kardinal, кардинал-легат (Реф 20) Kardinallegat

кардиналска колегия ► колегия

Карлщадт, Йоханес (Реф 30) Karlstadt, Johannes

кармелитски орден ► орден

карпократиани (ВВХ 203) Karpokratianer

Картагенски събор ► събор

картезиански орден ► орден

картуларий (гр. *charta* = хартия, РЧД 382) Chartularios

Касиодор (П 143) Cassiodor

катавасия (гр. *katabaino* = слизам, КБЕ 123) Abstieg (liturgischer Gesang)

катакомба (гр. -лат. *kata* = долу + *cumbo* = лежа, КБЕ 123-124) Katakombe

катапетазма (гр. *katapetasma* = покривка, ПЦСС 246) Vorhang

катарзис (гр. *katharsis* = очистване, ВВХ 203) Katharsis, Reinigung

катари (РКР 203) Katharer

катасарка (гр. *kata* = според + *sarx* = плът) Altardecke

катедра (гр. *kathedra* = стол, ХС 233-234) Lehrstuhl, катедра, епископска Bischofsstuhl

катедрала (КБЕ 124) Kathedrale, катедрален (РЧД 387) Kathedral-

катена (лат. *catena* = верига, П 431) Katene

Катерина Сиенска (ХМ 140) Katharina von Siena

катехет (гр. *katecho* = обучавам) Katechet

катехетика (РЧД 389) Katechetik

катехизатор (РЧД 389) Katechismuslehrer, Mystagoge

катехизация (Л 274) Katecheseunterricht, Mystagogie

катехизис (КБЕ 124) Katechismus, Katechese, катехизис, голям (Реф 35) großer Katechismus, катехизис, малък (Реф 35) kleiner Katechismus

катехизирам (РЧД 388) Katechismusunterricht geben

катехизически слова ► слова

катехизическо училище ► училище

катехумен (РЧД 388) Katechumene

катехуменат (КБЕ 124-125) Katechumenat

катизма (гр. *kathizo* = сядам, РКР 204) Kathisma

католик (гр. *katholos* = всеобщ, КБЕ 125) Katholik, католически katholisch

католикос (КБЕ 125) Katholikos

католическа църква ► църква

католически послания ►послания

католичество / католицизъм (БПЦ 30) Katholizismus

кающ се Büßer

Каяфа Kaiphas

квакер (англ. *quaker* = трепещ, РКР 205) Quaker

квас (ПЦСС 248) Sauerteig

квиетизъм (лат. *quies* = покой, КБЕ 125) Quietismus

квиетист (РЧД 394) Quietist

квинта (лат. *quinta* = петта) Quinta

кенозис ► кеносис

кеносис, учение за (гр. kenoo = изпразвам, БР 268) Kenosislehre

керигматично богословие (ХМ 279) kerygmatische Theologie

Керинт (П 70) Kerinth

кибернетика (гр. *kybernao* = управлявам) Kybernetik

киворий (лат. *cibus* = храна или от гр. *kiborion* = чаша, Л 30) Ziborium

кивот (гр. *kibotos* = ковчег, ХС 234) 1. Kasten, 2. Arche, 3. Ikonenrahmen, кивот на завета (РЧД 399) Bundeslade

килийно училище ► училище

килия / келия (гр. *kellion*, ХС 234) Klosterzelle, Hesychasterion

киновийни общности ► общности

киновити (гр. *koinos* = общ, ПЦСС 250) Koinobiten

киновия (РКР 205) Koinobia

Киприан Картагенски (РКР 205) Cyprian von Karthago

Киприан Киевски (ЖНС 442) Kiprian von Kiev

кириакондромион (гр. *kyriakos* = неделя + *dromos* = изтичане) „Sonntagsverlauf" (liturgisches Buch)

кирие (гр. *kyrios* = господ, ПЦСС 250) Kyrie

Кирил Александрийски (Л 27) Cyrill von Alexandria

Кирил Йерусалимски (РКР 205) Cyrill von Jerusalem

Кирил Лукарис (ХМ 89) Kyrill Lukaris

Кирил, равноапостолен (ЖНС 356) apostelgleicher Kyrill

Киркегор, Сьорен (ХМ 256) Sören Kierkegaard

Кифа (РКР 205) Kephas

кланям се die Proskynese machen

Клара от Асизи (ХМ 126) Clara von Assisi

кларриси, орден на бедните Clarissinnenorden

клаузи, триисетидеветте ► члена

клейма Kleinod

клерикализъм (КБЕ 125) Klerikalismus, клерикален (гр. *kleros* = жребий, ВВХ 203) klerikal

клетва (Л 360) Eid, Fluch, клетвен Eides-

Климент Александрийски (РКР 205) Clemens von Alexandria

Климент Охридски (ЖНС 356) Kliment von Ohrid

Климент Римски (РКР 206) Clemens von Rom

климентини (РКР 206) Klementinen

клир (КБЕ 125) Klerus

клирос (КБЕ 125) 1. Sängerbank, 2. Chor

клиросник / клирик (Л 9) Kleriker

клисар (гр. *klesares* = духовно свание, РЧД 408) Küster

клобук (ХС 234) Epanokamelauchion, клобук, бял (Л 78) weißes Epanokamelauchion

клюнийски монаси Cluniazensermönche

ключове на небесното царство (Бр 272) Himmelreichsschlüssel

книга, кормчая (рус. *кормчая книга*) Pedalion, книга на живота (БР 273) Buch des Lebens, книга на завета (БР 273) Bundesbuch, книга на съгласието (ХМ 98) Konkordienbuch, книга родства (Лев. 1,1) Liber generationis, книга, символическа (ВВХ 186) Bekenntnisschrift, книга, църковна Kirchenbuch, книги, богослужебни (КБЕ 54) Gottesdienstbücher, книги, свещени Heilige Bücher

книжник (РКР 206) Schriftgelehrter

ковчег 1. Truhe, 2. Lade, 3. Sarg, 4. Heiligenschrein, ковчег на завета (РКР 210-211) Bundeslade, ковчег Ноев (РКР 206) Arche Noah

Кодекс, Александрийски (Л 41) Codex Alexandrinus, Кодекс юрис каноници (РКР 206-207) Codex Iuris Canonici

козел отпущения (ХС 235) Sündenbock

Козма Маюмски (РКР 207) Kosmas von Maiouma

Козма презвитер (ХСЛ 198) Presbyter Kozmas

колегия, кардиналска Kardinalskollegium

Коледа (РКР 207) Weihnachten, коледен weihnachtlich, Weihnachts-, коледна песен Weihnachtslied

колена, дванадесетте die zwölf Stämme

колена Израилеви Stämme Israels

коленопреклонение (БР 277) Kniebeuge, Kniefall, Gonyklisia

коливо (гр. *kolybon* = варено жито, РЧД 414) Kolybon

Колосяни, послание до (БР 277) Kolosserbrief

коментар (лат. *commentarius* = обяснение, РЧД 419) Kommentar

Комодиан (П 201) Commodian

конвент (лат. *conventus* = събрание, РЧД 425) Konvent

конверсия (лат. *conversio* = изменение, РЧД 425) Konversion, Bekehrung, конверсионен (РЧД 425) Konversions-

конгрегационалист (РЧД 426) Kongregationalist

конгрегация от Виндесхайм Windesheimer Kongregation

кондак (гр. *kontakion* = кондак, КБЕ 125-126) Kontakion

кондакар Kondakar

кондика ► кондак

конклав (лат. *conclave* = заключена стая, РКР 207) Konklave

конкордат (лат. *concordia* = съгласие, РКР 208) Konkordat

конкорданс / конкорданция (РКР 207-208) Konkordanz

конкубинат (лат. *cum* = c + *cubo* = лежа, РКР 208) Concubinat

Консенсус тигуринус (Реф 94) Consensus Tigurinus

консил / концил (лат. *concilium* = събор, РЧД 430) Konzil

консистория (лат. *consistorium* = място за събрания, РКР 208) Konsistorium

Константин Багренородни / Порфирородни (Л 37) Konstantin Porphyrogennetos

Константин Велики (РКР 209-209) Konstantin der Große

Константин Костенечки (TL 148) Konstantin von Kostenec

Константин Преславски (ХСЛ 44) Konstantin von Preslav

Константин Философ ► Кирил

Константинопол (РКР 209) Konstantinopel

Константинополски събор ► събор

Констанцки събор ► събор

контекстуална етика ► етика

Контрареформация (лат. *contra* + *reformatio*, ХС 53) Gegenreformation

конференция, епископска Bischofskonferenz

конфесионал (лат. *confiteor* = изповядвам, РЧД 438) Beichtstuhl

конфесия (РКР 209) Konfession, конфесионален (РЧД 438) konfessionell

конфирманд (лат. *confirmare* = подкрепвам, РЧД 438) Konfirmand

конфирмация (РКР 209) Konfirmation

конфирмирам (РЧД 438) konfirmieren

конформизъм (лат. *cum* = c + *forma* = образ, РЧД 439) Konformismus

конха (гр. *konche* = раковина, РЧД 439) Konche

концептуализъм (лат. *conceptus* = мисъл, РЧД 440) Konzeptualismus

концилиабулум (лат. *conciliabulum* = малък събор, ВВХ 203) Conciliabulum

копие (КБЕ 126) eucharistische Lanze

копти (ХМ 72) Kopten

кораб ► неф

корена всеобщност ► всеобщност

Коринтяни, послание до (БР 280) Korintherbrief

Кормчаяа книга ► книга

корона, архиерейска ► митра

короноване ► богородица

космогония (гр. *kosmos* = свят + *gignomai* = раждам, ФИ 154) Kosmogonie

космология (гр. *kosmos* + *logos* = дума, ФИ 154) Kosmologie

космос (гр. *kosmos* = свят, РЧД 447) Kosmos

костница Beinhaus

Кранмер, Томас (ХМ 178) Thomas Cranmer

креационизъм (лат. *creare* = създавам, РЧД 450) Kreationismus

креацио екс нихило (лат. *creatio ex nihilo* = сътворение от нищото, РКР 209) Schöpfung aus dem Nichts

крипта (гр. *krypto* = скривам, ХС 235) Krypta

критика, литерарна (гр. *krinomai* = оценявам, БР 48) Literarkritik, критика на изворите (БР 48) Quellenkritik, критика на редактирането (БР 49) Redaktionskritik, критика на текста (БР 48) Textkritik, критика на традицията (БР 48) Traditionskritik, критика на формата (БР 48) Formkritik, критицизъм, библейски (БР 47) Bibelkritik

Кромуел, Томас (ХМ 198) Thomas Cromwell

кротост (ПЦСС 272) Sanftmut, кротък (ПЦСС 272) sanftmütig

кръст (РКР 209) Kreuz, Кръст Господен (КБЕ 130) Kreuz des Herrn, Кръст Господен, изнасяне на (ЖНС 364) Translation des Kreuzes des Herrn, кръст, напрестолен (Л 63) Altarkreuz, кръстен Kreuzes-

Кръстен път ► Кръстни страдания

Кръстни страдания (ВВХ 31) Kreuzesleiden

кръстобогородичен (Л 125) Staurothekion

кръстник (ВВХ 155) 1. Taufpate, 2. Trauzeuge

кръстител ► Йоан

кръстовден (РКР 209-210) Tag des Heiligen Kreuzes

кръстовиден (ЦЙ II 7, 72, 14) kreuzförmig, kreuzgestaltig

кръстоносен поход (ВВХ 162) Kreuzzug

кръстоносец (ВВХ 162) Kreuzritter

Кръстопоклонна Неделя ► Неделя

кръстя се sich bekreuzigen

кръщавам (БР 286) taufen

кръщение (Л 117) Taufe, кръщение, детско (Л 33) Kindertaufe, кръщение, повторно (Реф 63) Wiedertaufe, кръщение, съкратено (Л 278) Nottaufe, кръщение, тайнство (КБЕ 130-131) Sakrament der Taufe

ктитор (гр. *ktitor* = основател, ХС 235) Stifter

ктиторски устав ► устав

Кузански, Николай (РКР 210) Niklaus von Kues

култ (лат. *cultus* = почит, РКР 210) Kult, култ към звездите Astralkult, култ на императора (ВВХ 202) Kaiserkult, култ към хостията Hostienkult, култов (РЧД 460) kultisch, sakral

Културкампф (нем. *Kulturkampf* = борба за културата) Kulturkampf

кум, -а (ПЦСС 275) Pate, -in

кумир (ПЦСС 275) Idol

Кумранска община (БР 288) Qumrangemeinde, Кумрански ръкописи (РКР 211) Manuskripte aus Qumran

купел (нем. *Kuppel*, КБЕ 131) Taufbecken, Taufschale, Taufstein

купол (ит. *cupola* = купола, РЧД 462) Kuppel

курбан (арам. *qurban* = обет, РЧД 463) Gelübde

курия (лат. *curia*, КБЕ 131) Kurie

кустос (лат. *custos* = пазач, РЧД 464) Kustos, Küster

кустодия (РЧД 464) Monstranz

кюре (фр. *curé* = католически енорийски свещеник, РЧД 466) Curé

къпина (ПЦСС 275) Dornbusch

кървави капки ► капки

Л

лабарум (лат. *labarum*, ПЦСС 277) Labarum

лавра (гр. *laura* = алея, ХС 235-236) Laura, **лавра, велика** (Л 28) große Laura

ладан (ПЦСС 278) Weihrauch

Лазар (РКР 211) Lazarus

Лазарова събота ► събота

лаик (гр. *laos* = народ, КБЕ 132) Laie, **лаичедски** Laien-

Лактанций (П 193) Lactanz

Ламбетски конфереции (КБЕ 132-133) Lambethkonferenzex

Ланфранк (ХМ 112) Lanfrank

Лаодикийски събор ► събор

Лаодикийците, послание до ► Laodizäerbrief

Латеран (Реф 3) Lateran

Латерански събор ► събор

латинофил (РЧД 475) latinophil

латинска ерес ► ерес

Латинска либра ► либра

Латинци (РЧД 475) Lateiner

латрия (гр. *latreia* = почитание, РЧД 475) Latreia, Verehrung

Левиатан (РКР 211) Leviatan

Левий (РКР 211) Levi

левират (РЧД 476) Levirat

левиратен брак ► брак

Левит (РКР 211-212) Levit, **Левит, книга** (БР 293) Levitikus, drittes Buch Mose

легат (лат. *legatus* = пратеник, КБЕ 133) Legat

легенда (лат. *legere* = чета, ХСЛ 295) Legende, **легенда, златна** Legenda Aurea

Леонтий Византийски (П 439) Leontius von Byzanz

Лествичник ► Йоан

либертини (фр. *liber* = свободен, РЧД 481) Libertiner, Libertins

ливада, духовна (ПЦСС 282) geistliche Wiese, pratum spirituale

ливан (гр. *libanion* = тамян, РЧД 482) Weihrauch

лимб / лимбо (лат. *limbus*, РЧД 484) Limbus, Vorhölle

Лионска уния ► уния

Лионски събор ► събор

липса (Ф 85) Mangel, defectus

литания ► лития

литерарна критика ► критика

лития (гр. *lite* = молитва, КБЕ 133) Litanei, Bittgebet, Totengebet

литургика (гр. *leiturgeo* = служа, КБЕ 133) Liturgik

литургисвам / литургиша die Liturgie vollziehen

литургия (КБЕ 133) Liturgie, Gottesdienst, **литургия, Божествена** göttliche Liturgie, **литургия, Василеева** (Л 41) Basiliusliturgie, **литургия, Златоустова** (Л 41) Chrysostomusliturgie, **литургия на Василий Велики** (Л 206) Basiliusliturgie, **литургия на верните** Liturgie der Gläubigen, **литургия на Йоан Златоуст** (Л 206) Chrysostomusliturgie, **литургия на оглашените** Liturgie der Katechumenen, **литургия на предиосветените дарове** (Л 260) Liturgie der vorgeweihten Gaben, **литургия, Якововата** (Л 41) Jakobusliturgie

лице (КБЕ 133-134) Person, Angesicht, **лично свойство** (ПЦСС 578) Idioma

личност (ВБ 48) Person, persona, Hypostase

лишение / лишеност 1. Entbehrung, Fehlen, Mangel, Privatio, 2. Amtsenthebung

лишение от общение ► анатема

лишение от офикия ► аргосане

Лия (РКР 212-213) Leah

лобно място (ПЦСС 286) Schädelstätte

Ловчанска митрополия (ХС 205) Metropolie von Lovetsch

логос (гр. *logos* = дума, разум, КБЕ 134) Logos, **логос, предвечен** (НС) vor aller Zeit seiender Logos, **логос, семенен** (Ф 52) Logos spermatikos

логотет (РЧД 492) Logothet

Лозански конгрес (ХМ 248) Kongress von Lausanne

лоларди (англ. *lollards*, ХМ 197) Lollarden

лоно Авраамово (ПЦСС 287) Abrahams Schoß

Лоски, Владимир (РКР 213) Lossky, Vladimir

Лука (РКР 213) Lukas

лукав (ПЦСС 288) böse, lügnerisch, **лукавият** (ПЦСС 288) der Böse

Лукианова рецензия (П 86) lukianische Rezension

Лутер ► Лютер

Луцифер Люцифер

Лъв Велики (ЖНС 111) Leo der Große

лъв от Иуда (БР 302) Löwe von Juda

лъжеапостол (ПЦСС 281) Lügenapostel

лъжепророк Lügenprophet

лъжесвидетел (ПЦСС 282) falscher Zeuge

лъжесвидетелствам / лъжесвидетелствувам falsch
   Zeugnis geben

лъжесвидетелство falsches Zeugnis

лъжеучение ► ерез

лъжеучител ► еретик

лъжица / лъжичка (Л 71) liturgischer Löffel

лъжлив пророк ► пророк

любосъзерцател (НЙ II 5, 16, 3) jemand, der das
   Schauen liebt

Лютер, Мартин (КБЕ 134-135) Luther, Martin

лютерански (Реф 80) lutherisch

лютеранин (Реф 80) Lutheraner

лютеранство (КБЕ 135-136) Luthertum

Люцефер (ХС 236) Luzifer

М

Магнификат (лат. *magnificat* = величава, БР 307) Magnificat

Майендорф, Джон (РКР 215) Mayendorff, John

майка, Божия (ВБ 69) Muttergottes

Макавей (РКР 215-216) Makkabäus

Макарий Александрийски (П 223) Makarios von Alexandria

Макарий Египетски (ЖНС 50) Makarios von Ägypten

Македоний (РКР 216) Makedonios

македониани (П 451) Makedonianer

македонианство (РКР 216) Makedonianismus

Максим Изповедник (РКР 216) Maximus Confessor

Максим Конфесор ▸ Максим Изповедник

Максим Турински (П 128) Maximus von Turin

Малахия (РКР 216) Maleachi

малка Богородица ▸ Богородица

малка ектения ▸ ектения

маловерец (Мат. 6,30) Kleingläubiger

малодушие (Чис. 21,4) Kleinmut

малосхимник (Л 340) Träger des kleinen Schima

малък въздух ▸ въздух

малък вход ▸ вход

малък катехизис ▸ катехизис

малък поклон ▸ поклон

Мамон (арам. *mammon* = бог на богатствата, РКР 216) Mammon

мана (евр. *Manna*, РКР 216) Manna

манастир (гр. *monasterion*) (РКР 216-217) Kloster, **манастир, девичен / женски** (ПЦСС 316) Frauenkloster, **манастир, мъжки** (ПЦСС 316) Männerkloster, **манастир, скален** (TL 112) Felsenkloster, Höhlenkloster, **манастир, ставропигиален** (ПЦСС 657) Stauropegialkloster

манастирска църква ▸ църква

манастирски устав ▸ устав

манастирски спасителен дом ▸ дом

манастирски храм ▸ храм

мандил Mandylion

Манес (РКР 217) Manes, Mani

манихей (П 369) Manichäer

манихейство (РКР 217) Manichäismus

мантия (гр. *mandyas*, Л 77) Mandyas

маран-ата (арам. *marana-ta* = ела, господи, БР 311) Maranatha!, Komm, Herr!

Марбургска среща (ХМ 177) Marburger Gespräch

Мариам (РКР 217-218) Mirijam

Марий Викторин (П 381) Marius Victorinus

Марий Меркатор (П 350) Marius Mercator

мариология (РКР 217) Mariologie

Мария (РКР 217) Maria

Марк (РКР 218) Markus

Маркел Анкирски (П 33) Markell von Ancyra

Маркион (ХМ 25) Markion

маркионити (П 133) Markioniten

Марко Пустник (П 360) Marcus Eremites

маронити (ПЦСС 298) Maroniten

Марта (РКР 218) Martha

мартирион (гр. *martys* = свидетел, Л 70) Martyrion in der Architektur

мартиролог (ПЦСС 298) Martyrologium

Марута (П 372) Marutha

масалианство / месалианство (сир. *zla* = моля се, ПЦСС 303) Messalianismus

маслосвет (Л 30) Ölweihe

масора (евр. *masora* = традиция, РЧД 513) Masora

Матей (РКР 218-219) Matthäus

материкон (гр. *meter* = майка) Materikon

Медиолански едикт ▸ едикт

медитирам (лат. *meditare* = обмисля) meditieren

медитация Meditation

междуправославен interorthodox

междучасие (ПЦСС 301) Zwischenhore

Меланхтон, Филип (РКР 219) Melanchthon, Philipp

Мелетий Антиохийски (ЖНС 99) Meletius von Antiochia

Мелитон Сардийски (РКР 219) Melito von Sardes

Мелхиседек (РКР 219) Melchisedek

мемория (лат. *memoria* = памет, Ф 89) Memoria

менологий ▸ минеи

менонити (РЧД 523) Mennoniten

меса (лат. *mittere* = пращам, РЧД 525) Messe

месалианство (сир. *zla* = моля се, РКР 219) Messalianismus

месецослов (Л 82) Menologium

месианизъм / месианство (евр. *meshiah* = помазаник, РКР 220) Messiansimus

месия (РКР 220) Messias

месопустна неделя ▸ неделя

Месроб (П 379) Mesrop

места, свети (TL 118) heilige Stätten

местоблюстител (ВВХ 203) Vakanzvertreter

метафизика (гр. *meta* = след + *physike* = физика, КБЕ 137) Metaphysik

метафизическа етика ▸ етика

метемпсихоза (гр. *metempsychosis* = преселване на душата, ФИ 154) Metempsychose

метлица (Л 71) im Antemension aufbewahrter Schwamm

Методий (ЖНС 184) Methodios, Методий Олимпийски (РКР 220) Methodius von Olympos

методизъм (РЧД 529) Methodismus

методист (РЧД 529) Methodist, методистки (РЧД 529) methodistisch

метрополия / митрополия (гр. *metropolia*, РЧД 530) Metropolie

меча, учение за двата Zweischwerterlehre

микрокосмос / микросвят (гр. *mikrokosmos*, РЧД 534) Mikrokosmos

Милански едикт ▸ едикт

милост (Л 244) Barmherzigkeit, милостив (Мат. 5,7) barmherzig

милостиния (Мат. 6,2) Almosen

милосърдие (КБЕ 138) Barmherzigkeit, милосърден (Л 165) barmherzig

минеи (гр. *men*= месец, КБЕ 54) Menäen, Menaioi

Минуций Феликс (П 119) Minutius Felix

мир вам (ПЦСС 307) Friede sei mit euch !

мирисма, благоуханa Wohlgeruch

мирна ектения ▸ ектения

миро (гр. *myron*, КБЕ 138-139) Myron

мироварение / мироварене (КБЕ 139) Myronherstellung

мироносици ▸ жени

миропомазване (ХС 237) Myronsalbung

миропомазване, тайнство (КБЕ 139-140) Sakrament der Myronsalbung

мироточив (Л 156) myronspendend

мирянин (П 191) Weltmensch, Laie, мирянски Laien-

Мисале романум (лат. *missale romanum*, РЧД 542) Missale Romanum

мисия (лат. *mittere* = пращам, РКР 220) Mission

мисионер (РЧД 542) Missionar

мисионерско дружество, Базелско Baseler Missionsgesellschaft

мист (НЙ IV 3, 22, 1) Myste

мистерия (гр. *mysterion* = тайна, РКР 220) Mysterium

мистика (КБЕ 140) Mystik, мистика, евхаристична eucharistische Mystik, мистика, спекулативна spekulative Mystik, мистичен (Л 27) mystisch

мистическо съзерцание ▸ съзерцание

мистично богословие ▸ богословие

мит (гр. *mythos*, РЧД 542) Mythos, митически (РЧД 543) mythisch

митология (гр. *mythos* + *logos* = дума, РЧД 543) Mythologie, митологически (РЧД 543) mythologisch

митра (гр. *mitra*, ХС 237) Mitra

митраизъм (РЧД 543) Mitraskult

митрополит (гр. *metropolites*, ХС 237) Metropolit

Михаил (ЖНС 558) Michael

Михей (ЖНС 375) Micha

младенец (Л 68) Jüngling

многолетие (ПЦСС 310) Polychronion

множество, небесно ▸ войнство

моавци (БР 336) Moabiter

модернизъм (лат. *modernismus*, ХМ 305) Modernismus

Модест Йерусалимски (П 458) Modest von Jerusalem

мозарабска литургия ▸ литургия

Мойсеев закон ▸ закон

Мойсей Боговидец (КБЕ 140-141) Mose der Gottschauer

Моисей от Хорен (П 375) Mose von Chorene

молебен / молебна служба (КБЕ 141) Bittgottesdienst, Fürbittritual, молебен, благодарствен (Л 359)

Dankgebet, **молебен за болен** (Л 357) Kranken-
fürbittritual, **молебен при тежки несгоди** (Л 357)
Fürbittritual bei schweren Unglücksfällen

молебник (Л 84) Fürbittritualsammlung

молитва (КБЕ 141) Gebet, **молитва, господня** (Л 16)
Herrengebet, Gebet des Herrn, **молитва,
евхаристийна** (Л 246) eucharistisches Gebet,
молитва, заамвонска (Л 258) Ambongebet, **молит-
ва за завесата** (Л 242) Vorhanggebet, **молитва за
измиване на ръцете** (Л 242) Handwaschgebet,
молитва за съсъдохранилище (Л 242) Gebet für
den Kommunionsgeräteaufbewahrungsort, **молитва,
Иисусова** (TL 209) Jesusgebet, **молитва, Книга за
всеобща** (Реф 114) Book of Common Prayer, **молит-
ва на верните** (Л 231) Gebet der Gläubigen, **молит-
ва на оглашените** (Л 231) Gebet der Katechumenen,
молитва на проскомидия (Л 240) Proskomidie-
gebet, **молитва на сърцето** (ВБ 91) Herzensgebet,
молитва на трисветна песен (Л 220) Gebet zum
Dreimalheilig, **молитва, непрестана** (Л 130) un-
ablässiges Gebet, **молитви, общи** (Л 30) allgemeine
Gebete, **молитва, подготовителна** (Л 206) Vor-
bereitungsgebet, **молитва, тайна** (Л 249) Stillgebet,
молитвен Gebets-

молитвена броеница ▸ броеница

молитвеник (ПЦСС 315), **молитвослов** (Л 83) Eu-
chologium, Gebetbuch

Молох (РКР 222) Moloch

моля се beten

монархиани (гр. *monos* = сам + *arche* = власт, ХС
237) Monarchianer

монархианство (КБЕ 142) Monarchianismus

монах, -иня (гр. *monos* = сам, КБЕ 142) Mönch, Non-
ne, **монашески** (РЧД 547) mönchisch, monastisch,
Mönchs-

монашески обет ▸ обет

монашески одежди ▸ одежди

монашески пояс ▸ пояс

монашество (КБЕ 142-143) Mönchtum, **монашество,
киновийно** (ФИ 154) koinobitisches Mönchtum

моноенергизъм (ВБ 53) Monoenergismus

монолатрия (гр. *monos* + *latreia* = почитание) Mono-
latrie

монотеизъм (гр. *monos* + *theos* = бог, КБЕ 143) Mo-
notheismus

монотеист (РЧД 549) Monotheist, **монотеистичен**
(РЧД 550) monotheistisch

монотелети (гр. *monos* + *thelema* = воля, ХС 238) Mo-
notheleten

монотелизъм / **монотелитство** (РКР 222) Monote-
letismus

монофизитство (гр. *monos* + *physis*, РКР 222) Mono-
physitismus

монофизитски спорове ▸ спорове

монсиньор (ит. *monsignore* = моят господин, РЧД
550) Monsignore

монтанизъм (ХС 238) Montanismus

монтанист (Л 18) Montanist

Моравска църква ▸ църква

Моравски братя ▸ братя

мощехранилище Reliquiar

мощи (ХС 238) Gebeine, Reliquien

Мунифицентисимус деус (лат. *munificentissimus deus*
= най-щедрият бог, ВВХ 188) munificentissimus de-
us

Мураториев фрагмент (П 200) Fragmentum Muratori

мъдрец (ПЦСС 319) Weiser

мъдрост (Ф 56) Weisheit

мъже, апостолски (КБЕ 38) Apostolische Väter

мъжки манастир ▸ манастир

мъка (Реф 15) Qual, Pein, Marter

мълчание (НЙ XV 3, 59, 13) Schweigen

мъмрене Tadel, niedirgste Kirchenstrafe

мъченик, -ица (ПЦСС 329) Märtyrer, -in, **мъчениче-
ски** Märtyrer-

мъченичество (РКР 222) Martyrium

Мюнцер, Томас (Реф 33) Thomas Münzer

Н

набедреник (Л 76) Hypogonation

навечерие (ПЦСС 327) Paramonie

Навуходоносор (РКР 222) Nebukadnezar

надежда (БР 347) Hoffnung

наднебесен (НЙ I 3, 9, 11) überhimmlisch

надсветовен (НЙ I 3, 8, 15) überweltlich

назарянин (ВВХ 204) Nazarener

назореи (евр. *nzr* = осветен, РКР 223) Nazoräer

наказание (Реф 15) Strafe

налог, църковен (БР 349) Kirchensteuer

наместник христов Stellvertreter Christi

намиране на св. Кръст (Л 108) Kreuzesauffindung

Нантски едикт ► едикт

наос (гр. *naos* = храм, ПЦСС 332) Naos

напрестолен кръст ► кръст

напрестолно евангелие ► евангелие

народ (ПЦСС 334) Volk, gottesdienstliche Gemeinde

Нарсес (Л 38) Narsai

нартекс (гр. *narthex*, РЧД 562) Narthex

наръкавници (Л 75) Epimanikien

наслада (НЙ XV 9, 58, 25) Lust

наставник, духовен (Л 117) Seelenführer

настоятел ► игумен

Наум (ЖНС 601) Nahum, Наум Охридски (ЖНС 646) Naum von Ochrid

нафора ► анафора

Нафтали Naphtali

начален поздрав ► поздрав

начало (НЙ III 2, 18, 13) Anfang, Enarxis, Prinzip, Pl.: Engelscharen

начертан (ПЦСС 339) graptos

небе (НС) Himmel, небесен (Л 53) himmlisch

небесна иерархия ► иерархия

небесно множество ► множество

небесно царство ► царство

неверие (СС4в13) Unglaube, неверен (СС117а19) ungläubig

невеста Христова (СС183г6) Himmelsbraut Christi

невидим (Л 246) unsichtbar

невидима църква ► църква

Неврокопска митрополия (ХС 205) Metropolie von Nevrokop

неделя (Л 86) Sonntag, (ЖНС 324) Nedelja-Kyriake, Неделя Кириакия (ЖНС 324) Nedelja Kyriake, неделя кръстопоклонна (Л 108) Sonntag der Kreuzesverehrung, неделя месопустна (Л 89) Sonntag des Fleischverzichtes, неделя на блудния син (Л 89) Sonntag des verlorenen Sohnes, неделя на всеопрощението (Л 89) Versöhnungssonntag, неделя на всички български светии (Л 111) Sonntag aller bulgarischen Heiligen, неделя на всички светии (Л 101) Sonntag aller Heiligen, неделя на 10те прокажени (Л 97) Sonntag der 10 Aussätzigen, неделя на жените мироносици (ПЦСС 325) Sonntag der Myronträgerinnen, неделя на Закхея (ПЦСС 193) Zachäussonntag, неделя на Йерихонския слепец (Л 99) Sonntag des Blinden von Jericho, неделя на мироносиците (Л 99) Sonntag des Salböl tragenden Frauen, неделя на митаря и фарисея (Л 89) Sonntag des Pharisäers und des Zöllners, неделя на православието (Л 93) Sonntag der Orthodoxie, неделя на разслабления (Л 99) Sonntag des Gelähmten, неделя на Самарянката (Л 99) Sonntag der Samaritanerin, неделя на светите отци (Л 101) Sonntag der heiligen Väter, неделя на светите отци от 6те вселенски събора (Л 101) Sonntag der hlg. Väter der 6 Konzilien, неделя на слепия (Л 99) Sonntag des Blinden, неделя на Хананейката (ПЦСС 781) Sonntag der Kanaanäerin, неделя Сиропустна (Л 89) Sonntag des Milchverzichtes, неделя, Томина (Л 97) Thomassontag, 1. Sonntag nach Ostern, неделя цветница (Л 94) Palmsonntag, Palmarum

недостатъчност (ПЦСС 342) Defectus, Mangel, Unzulänglichkeit

недостижим (ЙЕ 3164) unerreichbar

Неемия (БР 354) Nehemia

незаблудимост (ХС 50) Unfehlbarkeit

незадължителна тайна ► тайна

Нейно Преподобие ► Преподобие

некролатрия (РЧД 567) Totenverehrung

нематериалност (лат. *materia* = материя, НЙ II 4, 14, 13) Immaterialität, нематериален immateriell

Немесий Емески (ВБ 37) Nemesius von Emesa

немилостивен (CC81a15) gnadenlos

неоортодоксалност, лютеранска (ХМ 240) Neuluthertum

неоплатонизъм (ХМ 15) Neuplatonismus

неосхоластик (гр. *scholastikos* = учен, РЧД 570) Neoscholastiker

неотомизъм (РЧД 570) Neuthomismus

неофит (гр. *neos* = нов + *phyo* = провеждам, ХС 239) Neophyt

неохалкедонци (ВБ 49) Neochalcedonenser

неповторяема тайна ▸ тайна

непогрешимост (Реф 20) Unfehlbarkeit

неподвижни празници ▸ празници

неподобен (CC83в22) ungleich

непознатият Бог ▸ Бог

непокръстен ungetauft

непорочна богородица ▸ богородица

непорочни (Л 354) Amomoi, Unbefleckte, Makellose

непорочно зачатие ▸ зачатие

непорочност (ПЦСС 348) Makellosigkeit, Keuschheit, Reinheit

непослушание (ПЦСС 348) Ungehorsam, **непослушен** (CC220г18) ungehorsam

непостижимост (ПЦСС 348) Unerreichbarkeit, **непостижим** (Л 116) unerreichbar

неправославен nicht-orthodox

непрестанна молитва ▸ молитва

непроницаем undurchdringlich

непросветен (НЙ II 2,11, 2) ungeweiht

неразделно (ХВ) ungetrennt

неръкотворна икона ▸ икона

неръкотворен образ ▸ образ

несвят unheilig

неслитен (ХВ) unvermischt

несмесен (ХВ) unvermischt

Несторий (П 202) Nestorios

несториански спорове ▸ спорове

несторианство (Л 35) Nestorianismus

несъвършенство Unvollkommenheit

несъздаден ungeschaffen

несътворен ungeschaffen

нетленност Unvergänglichkeit, **нетленен** (ПЦСС 352) unvergänglich, unsterblich

нетърпимост, верска religiöse Intoleranz

неугасима лампада ▸ лампада

нечистота (CC40г3) Unreinheit, **нечист** (CC19a14) unrein

неф (фр. nef = кораб, Л 60) Kirchenschiff

низвергване / низвержение (ВВХ 204) Amtsenthebung eines kirchlichen Würdenträgers

Ниймьолер, Мартин (ХМ 264) Martin Niemöller

Никейски символ ▸ символ

Никейски събор ▸ събор

Никейци (ХМ 43) Nizäner

Никео-цариградски символ ▸ символ

Никита Ремезиански (П 391) Niketas von Remesiana

Никифор Григора (ВБ 67) Nikephoros Grigoras

Никифор Калист (П 354) Nikephoros Kallistes

никодемизъм (БР 359) Nikodemismus

Никодим (Иоан 3,1) Nikodemus

Николай Кузански (Ф 354) Nikolaus von Kues

Николай Чудотворец (ЖНС 243) Nikolaus der Wundertäter

николаит (БР 359) Nikolait

нимб (лат. nimbus, РЧД 575) Nimbus, Heiligenschein

Нине опущаеши (Л 24) Nunc dimittis

ниществащите ордени ▸ ордени

Нов Завет ▸ евангелие

нов календар ▸ календар

нов стил ▸ стил

нова луна ▸ луна

Новациан (ХМ 34) Novatian

нововисантийски стил ▸ стил

новозаветни четива ▸ четива

новици ▸ послушници

новият Адам ▸ Адам

новият Йерусалим ▸ Иерусалим

ново благочестие ▸ благочестие

ново пророчество ▸ пророчество

новоплатоник ▸ неоплатоник

новопокръстен (Л 25) neubekehrt

Ноев ковчег (РКР 223) Arche Noah

Ной (РКР 223) Noah

Нокс, Джон (ХМ 182) Knox, John

номизъм (гр. nomos = закон, КБЕ 146-147) Nomismus

номинализъм (ХМ 115) Nominalismus

номиналист (РЧД 578)Nominalist, **номиналистичен / номиналистически** nominalistisch

номоканон (РЧД 579) Nomokanon

номос ► закон

нормативна етика ► етика

ноумен / ноуменон (гр. *noumenon* = това, което се мисли, РЧД 581) Nooumenon

нрави (Л 49) Sitten

нравствен закон ► закон

нравствен съвест ► съвест

нравствена чистота ► чистота

нравствени критерии ► критерии

нравствени чувства ► чувства

нравствено богословие ► богословие

нравственост, новозаветна (КБЕ 146) neutestamentliche Moral

нунций (лат. *nuntius* = вестител, КБЕ 148) Nuntius

нунциатура (РЧД 582) Nuntiatur

нус (гр. *nus* = разум, ФИ 155) Nous

Нюман, Джон Хенри (ХМ 202) Newman, John Henry

О

оберпрокурор (нем. *Oberprokuror*, РЧД 583) Ober-
prokuror

обет (КБЕ 149-150) Gelübde, **обет, иночески / мо-
нашески** (Реф 73) Mönchsgelübde

обетовам (ПЦСС 372) geloben, **Обетована земя** (БР
370) gelobtes Land

обикновена утреня ► утреня

обикновена година ► година

обител ► манастир

обител Божий ► манастир

облажавам selig preisen

облажвам се das Fasten brechen

облата (РЧД 584) Oblate

облачение (ПЦСС 364) Ornat

облигация (РЧД 584) Obligation

обновение ► освещение

обобщение (ЦЙ I 3, 65, 24) Rekapitulation, Synkepha-
laiosis

обожавам (НЙ III 2, 18, 8) vergotten

обожение / обожествяване (РКР 224) Theosis, Ver-
gottung

образ (Л 119) 1. Form, Gestalt, 2. Ebenbild, Abbild, **об-
раз Божи** (КБЕ 56-58) Ebenbild Gottes, **образ на би-
тието** Existenzform, **образ, неръкотворен** Acheiro-
poietos, nicht von Händen gemachtes Bild, **образен**
(НЙ I 3, 8, 16) Ebenbilds-

образец (НЙ I 2, 8, 3) Muster, Typos

образопис ► иконография

обред ► Ritus

Обрезание Господне (ЖНС 5) Beschneidung des
Herrn

оброк ► обет

обручение (Л 308) Verlobung

обръщение към християнство (БР 373) Bekehrung
zum Christentum

обрязване (КБЕ 150-151) Beschneidung

обща природа ► природа

обща сикла ► сикла

общежителен живот ► живот

общежитие ► киновия

общението на свойства (ВБ 54) communicatio idio-
matum

Общество на Иисуса ► йезуит

общество на приятелите ► квакер

общество от светии Gemeinschaft der Heiligen

общи молитви ► молитви

общност, евхаристийна (ВВХ 194) eucharistische Ge-
meinschaft

общност, киновийна ► киновити

общност, конфесионална (ЗЗВ) Konfession, konfes-
sionelle Gemeinschaft

общност, религиозна (ЗЗВ) religiöse Gemeinschaft

общо благо ► благо

общо сетиво ► сетиво

общоцърковен събор ► събор

огласителни слова ► слова

оглашен (ПЦСС 373) Katechumene

оглашение (П 312) Katechese

огън ► чистилище

одежди, богослужебни (Л 73) liturgische Gewandung,
одежди, монашески Habit

одигитрия ► пътеводителка

оживотворявам (ПЦСС 377) lebendig machen

ойкейосис ► жилище

Окам, Уилиям (РКР 224-225) William Ockham

окамизъм (Реф 9) Okhamismus

оклад (ПЦСС 1068) Ikonenbeschlag, Einfassung der
Ikone

Оксирински папирус (Л 22) Papyrus Oxyrrhynchos

Оксфордско движение (ХМ 294) Oxford Movement

октоих (гр. *oktoechos* = осмогласник, КБЕ 151) Okto-
echos, Achttonbuch

окултизъм (лат. *occultus* = скрит, РЧД 591) Okkul-
tismus

Олиливан, Каспар (Л 185) Olevian, Kaspar

Олимпиодор Александийски (П 444) Olympiodor
von Alexandria

олтар (лат. *altare*, ХС 239) Altar, Heiligtum

олтарна преграда ► преграда

омилия (гр. *homilia* = беседа, ФИ 155) Homilie

омонимия (гр. *homonymos* = еднoформен, РЧД 594)
Homonymie

омоусиос (гр. *homousios* = единосъщен, ФИ 155) Homousios

омофор (гр. *omos* = рамене + *phoreo* = нося, РКР 225) Omophorion

онтолотичен дуализъм ► дуализъм

онто-теология (гр. *on* = съществуващ + *theologia*) Onto-Theologie

опело (Л 117) Totenamt, Aussegnung, Totenofficium, **опело Христово** (Л 96) Karsamstagshymnen

оправдавам (Реф 12) rechtfertigen

оправдание на вярващ (Реф 50) Rechtfertigung des Glaubenden, **оправданието, учение за** (БР 378) Rechtfertigungslehre, **оправдание чрез вярата** (ХМ 161) Rechtfertigung durch den Glauben

опрощавам vergeben

опрощение Absolution, **опрощението, неделя на** Versöhnungssonntag, **опрощение на грехове** (БР 379) Absolution, **опрощение чрез вярата** (Реф 83) Sündenvergebung durch Glauben

Оптат Милевийски (П 382) Optatus von Mileve

оракул (лат. *oraculum* = пророчество, РЧД 599) Orakel

Оранжски събор ► събор

орар (гр. *orarion*, ХС 239) Orarion, Orarium

оратория (лат. *orare* = моля се, РЧД 600) Oratorium

орган (гр. *organon* = дело, РЧД 600) Orgel

органист (РЧД 600) Organist

органон (РЧД 601) Organon

ордалия (РЧД 602) Gottesurteil, Ordal

орден (лат. *ordo* = сан, РЧД 602) Orden, **орден, августински** (Реф 8) Augustinerorden, **орден, бенедиктински** (РКР 115) Benediktinerorden, **орден, доминикански** (РКР 157) Dominikanerorden, **орден, йезуитски** (КБЕ 116-117) Jesuitenorden, **орден, кармелитски** (РКР 202) Karmeliterorden, **орден на бедните клариси** (ХМ 126) Klarissinnenorden, **орден на проповедниците** (ХМ 130) Ordo Praedicatorum, **орден, ниществащ** (РКР 157) Bettelorden, Mendikanten, **орден, тевтонски** (РЧД 842) Deutscher Orden, **орден, францискански** (РКР 252) Franziskanerorden

орел (Л 73) Adlerteppich

ореол (лат. *aureolus* = позлатен, ХС 239) Aureole

Ориген (РКР 225-226) Origenes, **Ориген, спор за** (П 393) origenistischer Streit

оригенизъм (РКР 225-226) Origenismus

орос (гр. *horos* = дефиниция, ВВХ 204) Horos

Оросий, Павел (П 422) Orosius, Paulus

ортодоксалност, лютеранска Lutherische Orthodoxie

ортодоксия (гр. *orthodoxia* = православие, РКР 226) Orthodoxie

осана (евр. *hosianna* = помогни, боже, КБЕ 151) Hosanna, Hosianna

осветител Person, die weiht

осветление ► освещаване

осветявам ► освещавам

освещавам (Л 250) weihen, **освещаване на икони** (Л 358) Ikonenweihe, **освещаване, обреди на** Einweihungsriten, **освещаване на водата** Wasserweihe, **освещаване на светия престол** Altarweihe

освещение (Л 117) Tempelweihfest, Jom Kippur, **освещение на светите дарове** (ХС 239) Weihe der heiligen Gaben, **освещение на храм** (ХС 239) Weihe einer Kirche

освобождавам lossprechen

освобождение 1. Exemption, 2. Lossprechung

осемнадесетте молби ► молби

осемте главни порока ► пророка

Осий Кордовски (П 380) Hossius von Cordoba

осиновение ► осиновяване

осиновявам adoptieren

осиновяване Adoption

Осия (БР 382) Hosea

оскверение (ПЦСС 389) Entweihung, Schändung

Осми вселенски събор ► събор

осмогласник ► октоих

основа, верска (ЗЗВ) Glaubensgrundlage

основател на орден Ordensgründer

осъждам (ПЦСС 392) verurteilen

осъждение (ПЦСС 392) Verurteilung

осъщественост Aktualisierung

отговорност Verantwortung, **отговорност, нравствена** sittliche Verantwortung, **отговорност, християнска** christliche Verantwortung

Отец (НВ) Vater, **Отец Бог** (РКР 226) Gottvater,
Отец, духовен (ПЦСС 394) geistlicher Vater, **Отец**
небесен (ПЦСС 394) himmlischer Vater, **отец, цър**
ковен (ПЦСС 394) Kirchenvater

отечество (ПЦСС 395) väterliche Natur

откривам offenbaren

откритие, реформаторско (Реф 13) reformatorische
Erkenntnis

откровение (БР 384) Offenbarung, **откровение,**
Божествено (РКР 226) göttliche Offenbarung,
Откровение на Йоан Богослов (ПЦСС 395) Of-
fenbarung, Apokalypse, **откровен** offenbart

откупвам auslösen

отлъчване от църквата (БР 387) Ausschluss aus der
Kirche

относително служение ▸ служение

отобраз ▸ образ

отпуст (ХС 239) Entlassung (Schlußteil der Liturgie)

отпущане на оглашените Entlassung der Kate-
chumenen

отрицателен път (Ф 47) via negationis, via negativa

отричам се от себе си (Мк. 8,34) sich selbst ver-
leugnen, **отричане от дявола / сатана** Abrenuntiatio
Diaboli, **отричане от собственост** Eigentumsver-
zicht

оттегляне ▸ анахоресис

отстъпване / отстъпие / отстъпление (ПЦСС 398)
Apostasie

отстъпник (ПЦСС 398) Apostat

отхвърляне на сатана (Л 17) abrenuntiatio Diaboli

Отче наш (КБЕ 152) Vaterunser, Unser Vater

отшелник (Л 156) Einsiedler

отшелничество (БПЦ 17) Einsiedlerleben

отшелническа килия ▸ килия

Оуен, Джон (ХМ 210) Owen, John

Охридска архиепископия (БПЦ 122) Erzbistum von
Ochrid

офити (гр. *ophis* = змия, РЧД 611) Ophiten

официант (лат. *officians* = служащ, РЧД 611) Of-
fiziant

очиствам (ПЦСС 401) reinigen

очистване (КБЕ 152) Reinigung

очистителен огън ▸ огън

очистителна жертва ▸ жеритва

очищение ▸ умилостивяване

П

Павел (РКР 227) Paulus, **Павел Самосатски** (П 157) Paulus von Samosata

павликяни (РЧД 613) Paulikianer, **павликянски** (РЧД 613) paulikianisch

павликянство (РКР 227-228) Paulikianismus

Павлин Нолански (П 404) Paulinus von Nola

паганизъм (лат. *paganismus* = езичество, ВВХ 204) Heidentum

Паисий Хилендарски (ЖНС 299) Paisij von Hilendar

Паладий (П 298) Palladius

Палама ▸ Григорий

палеа (гр. *palaios* = древен, ПЦСС 404) Palaia, Paleja (byzantinische Schöpfungschronik)

палий (лат. *pallium*) Pallium

палица (Л 73) Hypogonation

памет (НЙ XV 9, 59, 9) Memoria, Gedächtnis

Памфилий Кесарийски (П 165) Pamphylius von Caesarea

пангар (гр. *pankarion*, РЧД 619) Kerzenstand

панагия (гр. *pan* = все + *hagios* = свет, Л 194) 1. Allheilige (Ehentitel der Maria), 2. Brotsegnungsritual zu Ehren der Maria

панентеизъм (гр. *pan* + *en* = в + *theos* = бог, РЧД 620) Panentheismus

паникадило (от гр. *pan* + *kandela* = свещ, РЧД 620) Kirchenkronleuchter

панихида (гр. *pan* + *nyx* = нощ, КБЕ 152) Pannychide, Trauerfeier, **панихида, азматическа** (Л 165) gesungene Pannychide

паноплия догматика ▸ всеоръжие

панпсихизъм (гр. *pan* + *psyche* = душа, РЧД 621) Allbeseelungslehre

пантеизъм (гр. *pan* + *theos* = бог, ФИ 155) Pantheismus

Пантелеймон (ЖНС 351) Pantaleon

пантократор (гр. *pan* + *kratos* = власт, Л 68) Pantokrator

папа (лат. *papa*, КБЕ 152-153) Papst

Папий Иераполски (П 84) Papias von Hierapolis

Папска държава ▸ държава

Папска курия ▸ курия

папство (РЧД 624) Papsttum

параклис (гр. *para* = до + *ekklesia* = църква, Л 62) Kapelle, **параклисен** Kapellen-

параклисиарк (гр. *paraklesiarches* = който помага на еклисиарха, РЧД 625) Kirchendiener

параклитик ▸ октоих

паралели, свещени (гр. *para* + *allos* = друг) Sacra Parallela

Паралипоменон (гр. *paraleipomenon* = оставени на страна, РКР 228) Chronik

парамонар (гр. *paramonarios* = който остава, ПЦСС 408) Paramonar

Параскева Епиватска ▸ Петка

парастас (гр. *parhistemi* = присъствам, РЧД 628) Pannychide

паримийник (гр. *paroimia* = пословица, Л 82) Paroimienbuch

паримия (Л 82) Paroimie, Parömie

парусия ▸ второ пришествие

пасивна правда ▸ правда

паство (лат. *pastor* = пастир, ПЦСС 409) Gemeinde

пастир (Л 117) Hirte, пастир, добър (Л 65) Guter Hirte, **пастир на Ерм** (Л 15) Hirt des Hermas

пастирски послания ▸ послания

пастирско правило ▸ правило

пастор (РЧД 634) Pastor, **пастор, старши** Propst

пасторат (РЧД 635) Pastorat

пасторство (РЧД 635) Amt des Pastors

Пасха (гр. *pascha* от евр. *pessach* = отминаване, КБЕ 153) Ostern

пасхален календар ▸ календар

пасхален канон ▸ канон

пасхален хляб ▸ хляб

пасхалия (РКР 228) Ostertafel

пасхална хроника ▸ хроника

пасхално писмо ▸ писмо

Пасхасий Радберт (ХМ 110) Paschasius Radbertus

патерик / патерикон (гр. *pater* = баща, РЧД 635) Paterikon

патриарх (гр. *pater* + *arche* = власт, КБЕ 153) Patriarch

патриархат / патриаршия (КБЕ 153) Patriarchat, па-
триаршески / патриархален (РЧД 637) patriarchal,
патриаршески избирателен събор (ХС 204)
Patriarchenwahlsynode

патристика (РКР 229) Patristik, патристически (П 7)
patristisch

патрология (РКР 229) Patrologie

Пахомий Велики (ЖНС 250) Pachomius der Grosse

певец (Л 298) Sänger

пезул (гр. *peza* = връх, РЧД 640) Wandnische in der
Kirche

Пелагий (РКР 229) Pelagius

пелагианство (РКР 229) Pelagianismus

пелагиани (РЧД 641) Pelagianer

пентархия (гр. *pentarchia* = управление от петима
души, РКР 229) Pentarchie

пентекостар / пентикостар (гр. *penteke* = петдесет, Л
64) Pentekostar

периходевт (гр. *perihodos* = обиколка) Perihodeutes

перихорез (гр. *peri* = около + *choreo* = пускам) Peri-
chorese

персона (лат. *persona* = лице, РЧД 648) Person

песен, коледна / рождественска Weihnachtslied

Песен на песните (БР 404) Lied der Lieder, canticum
canticorum

песен, трисвета (ПЦСС 733) Dreimalheilig

песен, херувимска (Л 52) Cherubimhymnus, Cheru-
bimgesang

песнопение, църковно (Л 60) Kirchengesang

песнописец ▸ химнограф

Петдесетница (Л 101) Pfingsten

Петдесятници (ХМ 318) Pfingstler

Петдесятно движение ▸ движение

Петка Българска (ЖНС 516) bulgarische Petka

Петровски пост (Л 97) Petrusfasten

Петокнижие (БР 406) Pentateuch

петохлебие (Л 153) Brotsegen

Петошести събор ▸ събор

петък, велики / петък, страстни (Л 96) Karfreitag

Петър (РКР 229-230) Petrus, Петър Алексан-
дрийски (П 160) Petrus von Alexandria, Петър
Ивер (П 435) Petrus der Iberer, Петър Ломбардски

(ХМ 96) Petrus Lombardus, Петър, съборни посла-
ния на (БР 411) Petrusbriefe, Петър Фулон (П 435)
Petrus Fullo, Петър Хрисолог / Златоглолив (Л 34)
Petrus Chrysologus, Петър, честните вериги на
vincula Petri

печат (Л 279) 1. Siegel, 2. Taufsalbung

пешито (сир. *Peshitto* = проста верися, ПЦСС 422)
Peschitta

пидалион (гр. *pedalion* = кормило, ПЦСС 423) Pe-
dalion

пиетизъм (лат. *pietas* = благочестие, ХМ 156) Pietis-
mus

Пизански събор ▸ събор

Пизидес ▸ Георгий

Пилат Понтийски (БР 416) Pontius Pilatus

пилигрим (лат. *pilgrim* = поклонник, ПЦСС 423) Pil-
ger

писание, свето / писание, свещено (КБЕ 168) Heilige
Schrift

писания на мъдростта (БР 406) weisheitliches
Schrifttum

писател, църковен (ПЦСС 426) Kirchenschriftsteller

писмо ▸ послание

писмо, пасхално / послание, пасхално (ПЦСС 410)
Osterfestbrief

пишещ пророк ▸ пророк

Плач Иеремиев (БР 429) Klagelieder Jeremiae

плащаница (РКР 230) Epitaphios (Altartuch, symboli-
siert das Grabtuch Christi)

Плевенска митрополия (ХС 205) Metropolie von Ple-
ven

племена на Израил / Израилеви (БР 421) Stämme Is-
raels

плерома / плирома (гр. *pleroma* = пълнота, РКР 230)
Pleroma

Пловдивска митрополия (ХС 205) Metropolie von
Plovdiv

плът (КБЕ 153) Fleisch

пневма (гр. *pneuma* = въздух, РЧД 671) Pneuma

пневматик (РЧД 671) Pneumatiker, пневматичен /
пневматически (РЧД 671) pneumatisch

пневматология (РЧД 671) Pneumatologie

пневматомахи (ПЦСС 435) Pneumatomachen

победоносец (Л 156) Siegbringer, Beiname des hlg. Georg

повечерие (Л 117) monastischer Abendgottesdienst, Apodeipnia

повторно кръщение ► кръщение

повторяема тайна ► тайна

погребение (Л 348) Begräbnis

подвиг (ПЦСС 439) asketische Übung

подвижен празник ► празник

подвижник (ПЦСС 439) Asket

подвижните празници ► празници

подвижничество (ХС 240) Asketisches Leben, Asketismus

подготовителна молитва ► молитва

подобие Божие (НЙ II 2, 11, 7) göttliche Ebenbildlichkeit, подобен (ПЦСС 441) 1. ähnlich, 2. Proshomoion

подобнообразен (НЙ VII 2, 18, 23) von ähnlicher Gestalt

подражание на Иисус Христос (ПЦСС 442) Imitatio Jesu Christi

подрасник / подризник (Л 77) Sticharion, Leibrock, Chiton

подяремница (ПЦСС 444) Hypozygie

поздрав, начален (Л 224) Eingangsgruß (in Liturgie)

познание, аналогично Erkenntnis per analogiam

познание на Бога, негативно negative Gotteserkenntnis

познание на Бога, опитно Gotteserkenntnis aus der Erfahrung

покаен канон ► канон

покайна молитва ► молитва

покаяние (ХС 240) Buße, покаяние и молитва, ден на Buß- und Bettag, покаяние, тайнство (КБЕ 153-154) Sakrament der Buße

покаянни псалми ► псалми

покаяник Bußbuch

покланям се (ПЦСС 446) anbeten, die Proskynese machen

поклон (ХС 240) Proskynese, поклон, земен (ПЦСС 447) große Metanie, поклон, малък (ПЦСС 447) kleine Metanie, поклон, молитвен (Л 275) Gebetsverneigung, Metanie

поклонение ► поклон

поклонение на кръста Fest der Kreuzesanbetung, Kreuzesverehrung

поклонение на мъдреците Anbetung der Weisen

поклонение на пастирите Anbetung der Hirten

поклонение на светии Heiligenverehrung

поклоничество (ХС 240) Pilgertum

поклонически поход ► поход

покой (БР 427) Ruhe, Hesychia, покой, душебен (Реф 10) Seelenfrieden

покойник (ЦЙ VII 1, 120, 14) Entschlafener

покров на Пресевта Богородица (ЖНС 477) 1. Mariae Schutzschleier, 2. Fest der Niederlegung des Schutzschleiers des Maria

покровец (Л 72) Kelchtuch

покровител на храма Kirchenpatron

покръстен getauft

полагане на ръце Handauflegung

полагане одеждата ► богородица

полагане пояса ► богородица

полиелей (Л 175) Polyeleon

Поликарп Смирненски (П 75) Polykarp von Smyrna

политеизъм (ФИ 155) Polytheismus

политеист (РЧД 679) Polytheist, политеистки (РЧД 679) polytheistisch

Полихроний Апамейски (П 362) Polychronius von Apameia

положителен път via assertiva

полунощница, всекидневна (Л 117) alltäglicher Mitternachtsgottesdienst

полунощница, съботна (Л 170) sonnabendlicher Mitternachtsgottesdienst

полупелагианство (ХМ 103) Semipelagianismus

помазване / помазание (Л 21) Salbung, помазване на нозете (Л 138) Fußsalbung, помазване на тялото (Л 138) Körpersalbung

помазаник (ХС 241) Gesalbter

помен (Л 349) liturgisches Gedächtnis

поменаване на имената (Л 239) liturgisches Gedächtnis der Namen

поместен събор ► събор

поместна църква ► църква

понеделник, велики (Л 94) Karmontag

понтифекс (лат. *pons* = мост + *facere*= правя, РЧД 682) Pontifex

понтификат (РЧД 682) Pontifikat

поп (ХСЛ 524) Pope

порти адови Pforten der Hölle

поръсване (Л 137) Besprengung

посвещаване (БР 429) Weihe

посвещение (НЙ III 1, 17, 8) Weihe, Initiation

посещение на църквата Kirchgang

послание (ХСЛ 413) Epistel, Brief, послание, апостолско (РКР 230) Apostelbrief, послание до Диогнет (П 115) Diognetbrief, послание, празнично (Л 24) Festbrief, Osterfestbrief, послания, пастирски (БР 401) Pastoralbriefe, послания, съборни (ПЦСС 461) Katholische Briefe

последно причастие ► причастие

последование (ПЦСС 462) Akoluthie

последен съд ► съд

послушание (НЙ XIII 2, 44, 9) Gehrosam, Gehorsamsübung

послушник, -ица (ПЦСС 461) Novize, -in

послушничество (Л 340) Noviziat

посох ► жезъл

посредник ► ходатай

посредничество ► ходатайство

пост (КБЕ 156-157) Fasten, пост, велик (Л 24) großes Fasten, пост, предпасхален (Л 24) vorösterliches Fasten

постановления, апостолски constitutiones apostolorum

постен ден ► ден

постен стол ► стол

постник (ПЦСС 464) Faster

постригване / пострижение в монашество (Л 117) Mönchsweihe

постъпки, безразлични peccata venalia

потапяне, трикратно (Л 18) dreimaliges Untertauchen

потир (гр. *poter* = чаша, ХС 241) Abendmahlskelch

потоп (ПЦСС 468) Sintflut

поучително слово ► слово

почитание (ПЦСС 471) Ehrfurcht

почитане на мощи (Л 35) Reliquienverehrung

похвално слово ► слово

поход, поклонически (TL 220) Pilgerfahrt

пояс (ХС 241) Gürtel, (Л 62) Rang, Reihe (in der Ikonostase), пояс богородичен (ПЦСС 472) Gürtel der Gottesmutter, пояс, монашески Gürtel eines Mönchsgewandes, пояс, свещенослужителски Gürtel eines Priestergewandes

правда, справедливост (Реф 12) Gerechtigkeit, правда, Божия (БР 432) Gerechtigkeit Gottes, правда, пасивна (Реф 12) imputative Gerechtigkeit, праведен (БР 439) gerecht

праведник, -ица (Л 248) Gerechter

правила, апостолски (ВБ 64) apostolische Kanones

правило за монасите ► устав

правило на вярата norma fidei

правило на истина (П 152) canon veritatis

правило, пастирско (П 132) regula pastoralis

правления, духовни (ПЦСС 473) Kirchenverwaltung

право, аподиктично (РЧД 88) apodiktisches Recht

право, каноническо (РЧД 370) kanonisches Recht

право на отказ за свидетелство (ЗЗВ) Zeugnisverweigerungsrecht

правоверен ► православен

правоверност ► православие

православие (КБЕ 157) Rechtgläubigkeit, Orthodoxie

правосъдие (ПЦСС 474) gerechtes Gericht

прагматична санкция ► санкция

празник, богородичен Marienfest, празник, Господски (Л 86) Herrenfest, Christusfest, празник на седмицата (Л 86) Wochenfest, празник, неподвижим (Л 86) unbewegliches Fest, празник, престолен (Л 86) Patronatsfest, празник, светийски (Л 86) Heiligenfest, празник, храмов (Л 86) Patronatsfest, празници, апостолски (Л 86) Apostelfeste, празници, евангелски (Л 86) Evangelienfeste, празници, дванадесетте (Л 86) die zwölf Hochfeste, празници, подвижни годишни (Л 86) bewegliche Jahresfeste

празнична утреня ► утреня

празничен ред ► ред

празнично послание ► послание

празнично слово ► слово

праотец (ПЦСС 476) Erzvater

праотечески ред ► ред

преводи, съвместни gemeinsame Übersetzungen

превъзходство (НЙ XIII 4, 47, 4) hervorragender Rang

преграда, олтарна (Л 25) Cancelli

прегрешения (ПЦСС 478) Verfehlungen, Sünden

предавам (ПЦСС 479) überliefern, verraten, ausliefern

предаване (НЙ I 3, 9, 2) Verrat, Auslicferung

предание (БР 435) Überlieferung

предание, свещено / апостолско (ХС 241) Heilige, apostolische Überlieferung

предателство на Юда ► Юда

предводител (НЙ II 2, 18, 1) Kathegemon

предестинация (лат. *praedestinatio* = предопределение) Prädestination

предложение / поднасяне (Л 64) Prothesis

предмет на вярата Glaubensgegenstand, - inhalt

предначителен псалом ► псалом

предобраз (Л 166) Präfiguration

предопределение (ХС 241) Prädestination, Vorherbestimmung, предопределение, безусловно unbedingte Prädestination, предопределение, двойно doppelte Prädestination, предопределение, учение за (Ф 115) Prädestinationslehre

предпасхален пост ► пост

предпразненство (ПЦСС 482) Advent, Vorfeier

предсхващане Prolepsis

предсъществуване на душата Präexistenz der Seele

Предтеча ► Йоан

преждеосвещена литургия (ПЦСС 485) Liturgie der vorgeweihten Gaben

презвитер (гр. *presbyteros* = по-старият) (ХС 242) Prezviter, *katholisch:* Priester, презвитерски Prezviter-

презвитера (Л 5) Frau des Presbyters

презвитерианец (ХМ 157) Presbyterianer, презвитериански (РЧД 688) presbyterianisch

презвитерианство (КБЕ 121) Presbyterianismus

преизподня ► ад

преклонете главите пред Господа neigt eure Häupter vor dem Herrn

прекръствам се sich bekreuzigen

прелюбодейска схизма ► схизма

прелюбодействам (ПЦСС 487) die Ehe brechen

прелюбодействие / прелюбодейство / прелюбодеяние (ПЦСС 487) Ehebruch

прелат (лат. *prae* = пред + *ferre* = нося, РЧД 689) Prälat

прелатура (РЧД 689) Prälatur

прелом / преломение / преломяване на хляба (Л 255) Brotbrechen

преминаване в друга вяра (Л 361) Konversion, Glaubenswechsel

Премъдрост Божия (ПЦСС 488) göttliche Weisheit, премъдрост на Иисус Син Сирохов (ПЦСС 488) Jesus Sirach, премъдрост прости (Л 134) Weisheit, aufrecht!, премъдрост Соломонова (ПЦСС 488) Weisheit Salomonis

пренасяне (ХСЛ 461) Translation

преображение Господне / Христово (ЖНС 367) Verklärung des Herrn / Christi

преобразявам (ХС 107) verklären

Преосвещенство (ХС 205) Heiligkeit (Bischofstitel)

преподобен (ХС 242) rechtschaffen, gerecht

Преподобие (ХС 205) Rechtschaffenheit (Mönchs- und Nonnentitel)

преподобномъченик (ХС 242) gerechter Martyrer

преполовение (Л 97) Mittpfingsten

препуциум (лат. *praeputium*) Vorhaut

Пресвета Дева Мария (КБЕ 157-159) überaus heilige Jungfrau Maria

преславски събор ► събор

престол (РКР 233) Altar, Hauptaltar, Plural: Throne, престол, апостолски (ВВХ 201) Apostolischer Stuhl, sedes apostolica, престол, свети 1. Altar, 2. Heiliger Stuhl, sancta sedes

престолен празник ► празник

престолни прибори ► прибори

пресъществяване ► претволяване

претворяване на хляб и вино (ЦБЕ 135) Metabole von Brot und Wein, *katholisch:* Wandlung

претворяване, учение за (ХМ 90) metabolische Eu-
charistielehre, *katholisch:* Wandlungslehre

претор (лат. *praetor* = пълководец, РЧД 690) Prätor

префацио (лат. *praefatio* = предговор, Л 201) Prä-
fation

префект, апостолски (лат. *praefectus* = началник,
РЧД 690) apostolischer Präfekt

пречист (НЙ Х 3, 41, 5) überaus rein

прибори, престолни Altargeräte

приведен дух ► дух

привратник Türhüter

приемане в църквата Aufnahme in die Kirche

приемане на тяло христово, реално (КБЕ 135) Real-
empfang des Leibes Christi

приемаве субстанциално (КБЕ 120) substantieller
Empfang

приемственост Sukzession

призвание / призиване / призивание (ПЦСС 495)
Anrufung, Epiklese, признаване от църквата ap-
probatio ecclesiastica

признаци на църквата nota ecclesiae

призоваване Epiklese, Anrufung, Berufung

примас (лат. *primus* = първи, ХС 242) Primas

примат / първенство (РЧД 692) Primat, примат на
вярата Glaubensprimat, примат на папата (ВВХ
204) päpstlicher Primat, примат, универсален
Universal-primat

приношение (ПЦСС 498) Darbringung

принцип (лат. *principium* = начало, КБЕ 135) Prinzip,
принцип, формален Formalprinzip, принцип,
христологичен christologisches Prinzip

приобщение (НЙ II 4, 14, 16) Teilhabe, Teilnahme

приор (РЧД 692) Prior

припомняне (НЙ VII 4, 32, 1) Gedenken

природа (ВБ 48) Natur, Physis

природна воля ► воля, природна

присцилианисти (ХМ 100) Priszillianer

присъда, Божия Gottesgericht

присъствие реално / присъствие действително
(Реф 40) Realpräsenz

притвор (ХС 242) Narthex

притча (РКР 233) Gleichnis, Притчи Соломонови (Л
82) Sprüche Salamonis

причастие / причащение (ХС 242) Eucharistie, *evan-
gelisch:* Abendmahl, *katholisch:* Kommunion

причащаването под един вид (Реф 24) Abendmahl in
einer Gestalt

пришестие / пришествие (НЙ IV 4, 23,17) Wieder-
kunft, Metousia, пришествие Христово / при-
шестие, Второ (ВВХ 201) Wiederkunft Christi

провидение / провиденция (от лат. *pro* = пред + *vi-
deo* = виждам, Ф 41) Vorsehung, провиденциален
Vorsehungs-

провиденциализъм (ХС 242) Vorsehungsglaube

прозелит (гр. *pros* + *erchomai* = идвам, ХС 242) Pros-
elyt

прозелитизъм (РЧД 695) Proselytismus

прозрение от кулата (Реф 14) Turmerlebnis

проигумен (гр. *pro* + *hegumenos* = водач) Präpositus

проказа (ПЦСС 508) Aussatz, прокажен (ПЦСС 509)
aussätzig

прокимен (гр. *pro* + *keimenos* = стоящ, ХС 242) Pro-
keimenon

проклятие (ХСЛ 309) Fluch

Прокопий от Газа (П 443) Prokopius von Gaza

прокуратор (лат. *pro* + *cura* = грижа, ВВХ 205) Pro-
kurator

Прокъл Константинополски (П 296) Proklos von
Konstantinopel

Пролегомени (гр. *prolegomenon* = казан пред-
варително, РЧД 689) Prolegomena

Промисъл Божи (КБЕ 159) göttliche Vorsehung

промулгация (лат. *promulgatio* = обнардване, РЧД
689) Promulgation

промулгирам (РЧД 698) promulgieren

пропаст (ПЦСС 511) Abgrund

проповед (Л 231) Predigt, Проповед на планината
Bergpredigt

проповедник, -ица (ПЦСС 511) Prediger, -in, пропо-
веднически Prediger-

проповядвам (БР 447) predigen

пророк, -чица (ХС 243) Prophet, -in, пророк, екста-
тичен (БР 449) ekstatischer Prophet, пророк,

истински (БР 449) wahrer Prophet, **пророк, лъжлив** (БР 449) falscher Prophet, **пророк, пишещ** (БР 449) Schriftprophet, **пророчески** (ПЦСС 512) prophetisch

пророчески дар ► дар

пророчество (ПЦСС 513) Prophetie

просветител (ПЦСС 513) Erleuchter

просвещение (ПЦСС 514) Erleuchtung

просвещавам (ПЦСС 513) erleuchten

просителна ектения ► ектения

проскинисам (гр. *pros + kyon* = куче) die Proskynese machen, niederfallen

проскомидия (гр. *pros + komizo* = приготвям, РКР 233-234) Proskomidie, Bereitung der Gaben

проскомидисвам (ПЦСС 514) die Poskomidie ausführen

прославям (ПЦСС 514) preisen

просодия (гр. *pros + ode* = песен, РЧД 699) Prosodie

просопон (гр. *prosopon* = лице, ВВХ 205) Prosopon, Persona

Проспер Аквитански (П 423) Prosper von Aquitanien

просфора (гр. pros + phoreo = нося, ХС 243) Prosphora, **просфора, богородична** (ПЦСС 516) Gottesdienst zu Ehren der Gottesmutter

протесис (гр. *pro* = пред + *tithemi* = слагам, ПЦСС 520) Prothesis

протестант (лат. *protestans* = засвидетелствувам, РЧД 701) Prostestant

протестантизъм / протестантство (КБЕ 159) Protestantismus, **протестантски** (РЧД 701) protestantisch

противооригеновски antiorigenistisch

протодиакон / протодякон (гр. *protos* = първи + *diakonos* = служител, КБЕ 159) Protodiakon

протоиерей (гр. *protos* + hiereus = свещеник, КБЕ 159) Erster unter den Priestern

протонотарий (гр. *protos* + notarios = нотарий, РЧД 701) Protonotarius

протопласт (гр. *protos* + *platto* = оформявам, РЧД 702) Protoplast

протопоп ► протоиерей

протопресвитер (гр. *protos* + presbyter = пресвитер, ХС 243) Protopresviter

протос (гр. *protos*, ПЦСС 519) Protos

профанатор (лат. *profanus* = несвет, РЧД 702) Heiligtumsschänder

профанация (РЧД 702) Heiligtumsschändung

профанирам (РЧД 702) ein Heiligtum schänden

профес (лат. *profiteri* = изповядвам) Profess

прошествие (НЙ I 1, 7, 5) Hervorgehen

прошка на грехове Vergebung der Sünden

прощавам vergeben

Пруденций Клеменс (П 404) Prudentius Clemens

псалм / псалом (гр. *psalmos* = песен, РКР 234-235) Psalm, **псалм, предначителен** (Л 147) Eingangspsalm, Introitus, **псалми, покаянни** (ПЦСС 446) Bußpsalmen, **псалми, степени** (Л 126) Stufenpsalmen

псалмист (РЧД 704) Psalmist

псалтериум / псалтир (Л 82) Psalter

псалтикия (РЧД 704) Psalmengesang

Псевдо-Дионисий Ареопагит (ВБ 42) Pseudodionysius Areopagita

псевдоепиграфия (гр. *pseudos* = лъжа + epigraphia = надпис, БР 457) Pseudepigraphie

Пурим (евр. *purim*, БР 457) Purim

пуритани (лат. *purus* = чист, ХМ 157) Puritaner

пустиня (ПЦСС 525) Einöde, Wüste

пустинните отци ► отци

пустинник (Л 341) Einsiedler, **пустиннически** einsiedlerisch

пълно единство ► единство

първенство на римската църква Primat der römischen Kirche

Първи ватикански събор ► събор

първи двигател ► двигател

първо-втори събор ► събор

първоевангелие на Яков ► евангелие

първообраз (НЙ III 1, 81, 13) Prototyp, Urbild

първопричина prima causa

първороден (ПЦСС 414) erstgeboren

първороден грях ► грях

първороден син ► син

първосвещеник (Л 87) Hohepriester

първосвещенство (PKP 234-235) Amt des Hoheprie-
sters

първоучители Erzlehrer (Ehrentitel Kyrills und Me-
thods)

път, страшен Leidensweg, **пътя, учение за двата**
Zweiwegelehre

пътеводителка Wegführerin (Ehrentitel Mariens)

Р

раб Божи (ПЦСС 534) Gottesknecht, раб Господен (ПЦСС 534) Knecht des Herrn, раб на Божиите раби servus servorum dei

работа, евангелизаторска Evangelisationsarbeit

рави / равви (евр. *rab* = голям, ХС 243) Rabbi

равин (РЧД 711) Rabbiner

равинат (РЧД 711) Rabbinat

равноапостол (ХС 243) Apostelgleicher, равноапостолен (ПЦСС 534) apostelgleich

Радберт (ХМ 125) Radbertus

раждам се geboren werden

раждане Geburt, раждане, вечно ewige Zeugung, раждане, девствено Jungfrauengeburt

разбиране, духовно geistliches Verstehen

разбойнически събор ► събор

разводно писмо ► писмо

разделение на църквата (ХС 243-244) Kirchenspaltung

разкол (ХС 244) Schisma

разколник (Реф 20) Schismatiker

размерна икона ► икона

разнасяне на Честния Кръст (Л 108) Kreuzestranslation

разпоредби, църковни (Реф 91) institutiones ecclesiasticae

разпятие Kreuzigung

разсъдъчна воля ► воля

разтълкувам auslegen

разум (ПЦСС 541) Verstand, Intellekt, разум, естествен (ФИ 155) natürliche Vernunft

рай (ХС 244) Paradies

райска лествица ► лествица

ранна църква ► църква

раннохристянска музика ► музика

раннохристянска поезия ► поезия

раннохристянска църква ► църква

расо (гр. *rason*, Л 78) 1. Priesterrock, 2. Mönchskutte

расофор (гр. *rason* + *phoreo* = нося, Л 340) Mönchskutte tragender Novize

растрижение (ХС 244) Tonsur

Ратрамний (ХМ 125) Ratramnus

реално приемане ► приемане

реалност, трансцендентална (РЧД 721) transzendente Realität

ревизирана версия ► версия

ревнител (ПЦСС 546) Eiferer

ревност (БР 466) Eifer

ред (ПЦСС 566) 1. Rang, Reihe, 2. Ikonostasenrang, Ikonostasenreihe, ред, деесисен Deesisreihe, ред на патриарсите Patriarchenreihe, ред на пророците Prophetenreihe, ред, празничен Festrang, ред, праотечески Patriarchenreihe

реквием (лат. *requies* = покой, РЧД 729) Requiem

реконкиста (исп. Reconquista, РЧД 730) Reconquista

релативизъм, етически (фр. Relativisme, РЧД 731) ethischer Relativismus

релативизъм, нравствен sittlicher Relativismus

религиозен (лат. religio, РЧД 732) religiös

религиозна алиенация ► алиенация

религиозна общност ► общност

религиозно възпитание ► възпитание

религиозна събрание ► събрание

религиозно убеждение ► убеждение

религиозно чувство ► чувство

религия (КБЕ 160) Religion, религия, богооткровена (Л 49) Offenbarungsreligion, религия, спасителна Erlösungsreligion

реликви ► мощи

рефекторий (лат. *reficio* = възстановявам, РЧД 738) Refektorium

реформа, богослужебна (лат. *reforma* = преобразяване) Gottesdienstreform

реформатор (РЧД 739) Reformator

Реформация (РКР 214) Reformation

ригоризъм (лат. *rigor* = строгост, РЧД 741) Rigorismus

ригорист (РЧД 741) Rigorist

ризи, архиерейски (ПЦСС 548) liturgische Bischofskleidung

ризница (ПЦСС 549) Sakristei

Римляни, послание до (Реф 9) Römerbrief

римокатолицизъм (Л 52) römischer Katholizismus

Римокатолическа църква (КБЕ 160-162) römisch-katholische Kirche

Римски катехизис (ВВХ 188) catechismus romanus

рипида (гр. *repidion*, Л 72) Repidion, Flabellum, Bischofsfächer

ритуал (лат. *ritualis* = обреден, РЧД 743) Ritual

Ритуале романум (ВВХ 188) rituale romanum

родоначалник (ПЦСС 551) Erster des Menschengeschlechtes (Ehrentitel Adams)

родословие (БР 476) Genealogie, Stammbaum

родословие на Иисуса Христа (БР 477) Genelogie Jesu Christi

родословна таблица ▸ таблица

родословни формули ▸ формули

рождественски канон ▸ канон

рождественски песни ▸ песни

Рождество Богородично Geburt der Gottesmutter

рождество на св. Йоан предтеча (ХС 244) Geburt Johannes des Täufers

Рождество Христово (ХС 244) Geburt Christi

розарий (лат. *rosarium* = венец от рози) Rosenkranz

Роман Сладкопевец (ЖНС 479) Romanos Melodes

Рувим (БР 479) Ruben

Рут (БР 480) Ruth

Руфин Аквилейски (ХМ 54) Rufin von Aquileia

ръкоположение (Л 117) Cheirotonie, **ръкоположение, тайнство на** (Л 117) Cheirotoniesakrament

С

Савелий (П 158) Sabellios

савелианство (П 158) Sabellianismus

савелианин (П 158) Sabellianer

Садок (БР 482) Zadok

садукей (ХС 244) Sadduzäer

сакеларий (гр. *sakkos* = груб плат, РЧД 752) Sakellarios, Schatzmeister

сакос (Л 63) Sakkos

сакрален (лат. *sacer* = свет, РЧД 752) sakral

сакрализация (РЧД 752) Sakralisierung

сакрамент (РЧД 752) Sakrament

сакристия (РЧД 753) Sakristei

сакрум (РЧД 753) sacrum

салватор (лат. *salvator* = спасител, РЧД 753) Salvator

Салвиан Марсилски (Л 35) Salvian von Marseille

самарянин (БР 484) Samariter, **самарянин, милостивият** der barmherzige Samariter

самолюбие (НЙ IX 3, 37, 21) Selbstliebe

самосъвършен (ПЦСС 572) in sich selbst vollkommen

самоунижение Selbsterniedrigung

Самсон (БР 485) Samson

Самуил (ЖНС 385) Samuel

Самуил, книги на ▸ царства

санктификация (лат. *sanctificatio*= освещение, РЧД 757) Heiligsprechung, **санктификационен** (РЧД 757) Heiligsprechungs-

санктус (Л 247) Sanctus

Сара ▸ Cappa

Сарра (РКР 235) Sara

сатана (евр. *shatan* = противник, КБЕ 166) Satan

сатисфакция (лат. *satisfacito* = удовлетворение, КБЕ 166-167) Satisfaktion

Саул (РКР 235) Saul

сблъскване на длъжности (КБЕ 167) collisio officiorum

сборник Anthologion, **сборник от Иисусови изказвания** (БР 141) Logienquelle, Spruchquelle

сбъдвам се erfüllt werden

сватбена песен ▸ песен

света вода ▸ вода

Света Гора ▸ Гора

Света Дева ▸ Дева

света земя ▸ земя

Света Неделя ▸ Неделя

Света Троица ▸ Троица

света чаша ▸ чаша

светая светих (ПЦСС 583) Allerheiligstes

Светейшество (ХС 244) Heiligkeit (Patriarchentitel)

светец (ЖНС 4) Heiliger

светийски празници ▸ празници

Свети Дух ▸ Дух

свети места ▸ места

Свети Престол ▸ престол

свети синод ▸ синод

свети тайни ▸ тайни

светийски празник ▸ празник

светилен (Л 126) Lucernariumspsalm

светилище (ПЦСС 583) Heiligtum, Sanktuarium

светилник (ПЦСС 579) Leuchter

светител (Л 114) Hierarch

Светла Седмица ▸ Седмица

Светла Събота ▸ Събота

светлина, божествена (Л 136) göttliches Licht

свето писание ▸ писание

Световен съвет ▸ съвет

световна душа ▸ душа

световодител (ПЦСС 581) Photagogos

световодство (ЦЙ II 3, 75, 8) Photagogie

светогорски патерикон ▸ патерикон

светодарение (НЙ I 2, 8, 2) Erleuchtungsgabe

светост / святост (КБЕ 166-167) Heiligkeit

светоуправление Weltregiment

светоявление (НЙ I 1, 7, 5) Lichterscheinung

светски братства ▸ братства

свещена история ▸ история

свещени инсигни ▸ инсигни

свещеник (РКР 236) Priester, **свещенически** priesterlich

свещени паралели ▸ паралели

свещени съсъди ▸ съсъди

свещение (ПЦСС 582) Weihe

свещеническо писание ▸ писание

Свещено Писание ► Писание

Свещено Предание ► Предание

свещеноваяване (НЙ II 1, 10, 9) „Hieroplastie", Anfertigung des Heiligen

свещенодействие (Л 39) priesterliches Wirken, heilige Handlung

свещеномъченик (ХС 245) Hieromartyr

свещенообразен (НЙ II 3, 12, 3) heiligenförmig, heiligengestaltig

свещенопосветител (НЙ VI 2, 26, 12) Vollzieher heiliger Riten

свещенопосвещение (НЙ II 5, 16, 21) Vollzug heiliger Riten

свещенословие (ЦЙ I 5, 68, 10) Sagen heiliger Worte

свещенослужител (НЙ XIII 4, 48, 23) Liturg

свещенство, тайнство (КБЕ 169) Sakrament der Priesterweihe

свещница (ПЦСС 582) Kerzenleuchter

свидетел (ПЦСС 576) Zeuge, свидетили на Йехова (ХМ 37) Jehovas Zeugen

свидетелства, светоотечески (ВВХ 205) Zeugnisse der heiligen Väter

свобода Божия göttliche Freiheit

свобода на волята (КБЕ 169-170) Willensfreiheit

свойство (ХС 31) Eigenart, Idioma

свръхестествен (НЙ II 2, 11, 16) übernatürlich

свръхначален (НЙ I 2, 8, 2) voranfänglich

свръхпочитание Hyperdouleia

свръхсъщностен (НЙ II 3, 11, 5) überwesenhaft

свършек на света Weltende

свети Боже ► трисветна

свети желания ► желания

свят, видим (НС) sichtbare Welt

святост (БР 500) Heiligkeit

Север Антиохийски (Л 38) Severus von Antiochia

седален Kathisma

седмица, велика (Л 94) Karwoche

седмица, светла (Л 99) Osterwoche

седмица, страстна (Л 89) Karwoche

седмичният празничен цикъл ► цикъл

седмосвещник (Л 70) siebenarmiger Leuchter

секста (лат. *sexta* = шеста, БР 51) Sexta

секта (лат. *sequi* = последвам, РЧД 766) Sekte

сектант (РЧД 766) Sektierer

сектантство (ХС 245) Sektierertum

секуларен (лат. *saecularis* = светски, РЧД 766) säkular

секуларизирам (РЧД 766) säkularisieren

секуларизация (РКР 236) Säkularisierung

селах (евр. *selah*, БР 501) Selah

семенен Логос ► Логос

семинарист (РЧД 768) Seminarist

семинария, духовна (РЧД 769) Priesterseminar

семит (РКР 236) Semit

семитизъм (РЧД 769) Semitismus

сентенции (лат. *sententia* = мъдра мисъл, РЧД 770) Sentenzen

септима (лат. *septima* = седма, БР 51) Septima

Септуагинта (лат. *septuaginta* = седемдесет, ХМ 54) Septuaginta

Серапион Тмуитски (Л 28) Serapion von Thmuis

серафими (евр. *seraphim* = пламенен, БР 505) Seraphim, серафимски (РЧД 771) Seraphim-, seraphisch

Сервет, Мигел (ХМ 181) Servetus, Michael / Miguel

Сергий Цариградски (ВБ 51) Sergios von Konstantinopel

сизигия (гр. *syzygia* = съединение, РЧД 776) Syzygie

сила (ХС 245) 1. Kraft, 2. Engel

символ, апостолски (гр. *syn* = със + *ballo* = хвъря, КБЕ 38) apostolisches Glaubensbekenntnis, Символ на вярата (КБЕ 170) Glaubensbekenntnis, символ, Никейски (ПЦСС 534) nizänisches Glaubensbekenntnis, символ, Никео-цариградски (КБЕ 149) Nizänokonstantinopolitanum, Bekenntnis von Nizäa-Konstantinopel

символическа книга ► книга

символични числа ► числа

Симеон Богоприемец (РКР 237) Symeon der Gottesempfänger, Симеон Логотет (П 222) Symeon Logothetes, Симеон Метафраст (ХСЛ 276) Symeon Metaphrastes, Симеон Нови Богослов (ВБ 97) Symeon der Neue Theologe

Симон Влъхва (РКР 236) Simon Magus, Симон Зилот (ЖНС 244) Simeon der Zelot, Симон

Киринеец (БР 509) Simon von Kyrene, **Симон Петър** (ЖНС 309) Simon Petrus

симония (лат. *simonia*, РКР 237) Simonie

Симонс, Мено (ХМ 293) Simons, Menno

Син Божи (РКР 237-238) Gottessohn, Sohn Gottes, **син, възлюбен** (Мт. 3,17) geliebter Sohn, **син, единороден** (Йоан 1,14) eingeborener Sohn, **Син, Човешки** (Мк 8,31) Menschensohn

синагога (гр. *synagoge* = събрание, РКР 237) Synagoge, **синагога на либертините** (БР 510) Synagoge der Libertiner

Синай (РКР 237) Sinai

Синайски кодекс ► кодекс

синаксар (гр. *synaxis* = събор, събрание, Л 37) Synaxarion

синаксис (Л 115) Synaxe / Synaxis, Versammlung

синдон Sindon (Altartuch)

синедрион (гр. *synhedrion* = събрание, КБЕ 170) Synhediron, Sanhedrin

синекура (лат. *sine* = без + *cura* = грижа, РЧД 782) Sinecura

синергизъм (гр. *syn* = с + *ergon* = работа, РКР 238) Synergismus

синергия Synergie

синкел (гр. synkellos, ХС 246) Synkellos

синкретизъм (от гр. *synkerannymi* = съединявам, КБЕ 170) Synkretismus, **синкретичен** (РЧД 783) synkretistisch

синод, евангелски (гр. *synodos* = събрание) evanglische Synode, **синод, свети** (РКР 238) heiliger Synod, **синодален** (РЧД 783) synodal

синодик (ХС 246) Synodikon, **синодик на Българската Православна Църква** (ХС 246) Synodikon der Bulgarischen Orthodoxen Kirche, **синодик на православието** (РЧД 783) Synodikon der Orthodoxie

синопсис на каноните (гр. syn + opsis = поглед, РЧД 784) Synopsis der Kanones

синоптици (РКР 238) Synpotiker

синоптични евангелия ► евангелия

синтагма (гр. *syntithemi* = съединявам, РЧД 784) Syntagma

синтрон (гр. *syn* + *thronos* = трон, Л 64) Synthronon

Сион (РКР 238) Zion

Сирийска дидаскалия ► дидаскалия

Сирна Неделя ► неделя

сиропуст Butterentsagung, Milchspeisenabstinenz

сиропустна неделя ► неделя

скевофилакс (гр. *skeuos* = съсъд + *phylax* = пазач, ПЦСС 604) Skeuophylax

скиния (гр. *skene* = палатка, РКР 238-239) Skene, Stiftshütte, Bundeszelt

скит (гр. *sketis*, РЧД 791) Sketis, Skite, Einsiedelei, Klause

скотизъм (ХМ 298) Skotismus

скрижали (ПЦСС 611) Gesetzestafeln des Mose

скуфия (Л 78) Mönchskappe

слава (Л 125) Herrlichkeit, **слава във висините** (БР 517) Ehre sei Gott in der Höhe, gloria in excelsis

славословие (ПЦСС 613) Segen, Lobhymnus, Doxologie, **славословие, велико** (Л 125) große Doxologie

славословя (ПЦСС 614) lobpreisen, segnen

сладкопевец Melode

следване Иисуса Nachfolge Jesu

следи на троичността Trinitätsspuren, vestigia trinitatis

следкръщелни обреди ► обреди

следпасхален период ► период

Сливенска митрополия (ХС 205) Metropolie von Sliven

слизане в ада (Л 14) Höllenfahrt, descensus ad inferos

слияние (НЙ XI 2, 41, 21) Vermischung

слово (БР 501) Wort, Homlie, **Слово Божие** (Л 17) Wort Gottes, **слова, огласителни** (Л 26) katechetische Reden, mystagogische Reden, **слова, установителни** (Л 201) Einsetzungsworte

служба (ПЦСС 618) Gottesdienst

служебник (КБЕ 54) Hieratikon

служител в храма (ПЦСС 619) Tempeldiener

служител, църковен (ПЦСС 619) Kirchendiener, Küster

смесен брак ► брак

смесен сборник ► сборник

смешение Mischung, Mixis

смилявам се sich erbarmen

смирение / смиреност (КБЕ 170-171) Demut, Gotter-
gebenheit

смиреномъдрие (ПЦСС 622) demütige Weisheit

смирна (гр. *smyrna*, РЧД 795) Myrrhe

смисъл, буквален wörtliche Bedeutung

смърт (Л 52) Tod

смъртен грях ▸ грях

смяна на конфесия Konfessionswechsel

снизхождане Synkatabasis, göttliche Herablassung

Созомен (ХМ 64) Sozomenos

Сократ Схоластик (ХМ 65) Sokrates Scholasticus

солей (гр. *soleia* = трон, РЧД 796) Solea, Apsisraum,
Unterchor (Gang zwischen Ambon und Presbyterium)

Соловьов, Владимир (РКР 239-240) Vladimir Solov-
iov

Соломон Salomo

Солуняни, послания до (БР 526) Thessalonicherbriefe

сотериология / сотириология (гр. *soter* = спасител +
logos = дума, ФИ 156) Soteriologie

Софийска митрополия (ХС 205) Metropolie von
Sofia

софия (гр. *sophia* = премъдрост, РКР 240) Weisheit

Софония (БР 528) Zephanja

Софроний Йерусалемски (Л 40) Sophronius von Je-
rusalem

социология, християнска (КБЕ 187) christliche
Soziologie

спалня Dormitorium

спасение (НС) Rettung

спасител (Л 55) Retter

спасителен дом, манастирски ▸ дом

спасителна религия ▸ религия

Спасовден ▸ възнесение

спасявам (ПЦСС 648) retten

спекулация (лат. *speculatio* = наблюдение, ФИ 156)
Spekulation

спиритуализирам (лат. *spiritus* = дух) spiritualisieren

спиритуален (РЧД 806) spirituell

спиритуализация (РЧД 806) Spiritualisierung

спиритуализъм (РЧД 806) Spiritualismus

списък на забранените книги index librorum pro-
hibitorum

спор за отпадналите от църквата (Л 183) Streit um
die Abgefallenen, спор за празнуването на Пасха
Osterfeststreit, спор за трите глави Dreikapitelstreit,
спор, монофизитски monophysitischer Streit, спор,
несториански nestorianischer Streit, спор, трини-
тарен (ФИ 157) trinitarischer Streit

справедливост (КБЕ 171) Gerechtigkeit

срачица (Л 63) unterste Altardecke

сребролюбие (ПЦСС 654) Geldgier

средновековие (Реф 3) Mittelalter

Сретение Господне (ХС 247) Darstellung Jesu im
Tempel

сряда, велика / страстна (Л 94) Mittwoch der Kar-
woche

стабилност (лат. *stabilis* = стабилен) stabilitas loci

ставропигия (гр. *stauros* = кръст + *pegnumi* =
забивам, РЧД 808) Stauropeges Kloster, stauropege
Kirche

ставрофор (гр. *stauros* + *phoreo* = нося, ХС 247)
Kreuzträger

стар календар ▸ календар

старейшини (БР 531) Kirchenälteste

старец Starez, Geron, Greis

Стари Завет ▸ Завет

староверни Altgläubige

старозаветен закон ▸ закон

старозаветен канон ▸ канон

старозаветно четиво ▸ четиво

Старозагорска митрополия (ХС 205) Metropolie von
Stara Zagora

старокалендарци Altkalendarier

Старокатолическа църква ▸ църква

староникейци (ВБ 48) Altnizäner

старообрядци Altritualisten

старопруска уния ▸ уния

старши пастор ▸ пастор

степени на покаяние Bußstufen

степенни псалми ▸ псалми

Стефан архидякон (ЖНС 365) Stephanus der Archi-
diakon

стигма / стигмат (гр. *stigma* = знак, РЧД 816) Stigma

стигматизация (РЧД 816) Stigmatisierung

стилит (гр. *stylites* = стълпник, РЧД 817) Stylit

стих (гр. *stichos* = ред, РЧД 817) Stichos

стихар (гр. *sticharion*, ХС 247) Sticharion

стихира (гр. *stichera*, ХС 247) Stichera

стол, постен Fastenspeise

стола (лат. *stola*) Stola

страдам телом (ВБ 48) im Leib leiden

страдание (КБЕ 172-173) Leiden

страничен параклис ► параклис

страничество (ПЦСС 670) asketische Heimatlosigkeit, Xeniteia

странноприемница (ПЦСС 670) Gästehaus

страсти Господни (РКР 240-241) Leiden des Herrn

Страстна Седмица ► Седмица

страстна събота ► събота

страстни понеделник ► понеделник

страх Божи (КБЕ 173-175) Gottesfurcht

Страшен път ► път

Страшен съд ► съд

строг пост ► пост

стромати (гр. *stromateis* = килими, Л 17) Stromateis

стълпник (ПЦСС 664) Säulensteher

стълпотворение (ПЦСС 665) Turmbau

стяха, храмова (Мт. 4,5) Tempelzinne

субординация (лат *subordinare* = подчинявам, РКР 241) Subordination

субстанция (РЧД 824) Substanz

субстанциално приемане ► приемане

сугуба / сугубата ектения ► ектения

суеверие (Реф 57) Aberglaube

суета (ПЦСС 688) Eitelkeit

Сулпиций Север (Л 35) Sulpicius Severus

сума (лат. *summa* = сбор, РЧД 826) Summa, сума на теологията Summa theologiae, сума, теологическа theologische Summe

суперинтендант (лат. *superintendens* = върховен надзорник, РЧД 826) Superintendent

Сусана (РКР 242) Susanna

суфраган (лат. *suffraganeus* = допълнителен, РЧД 829) Suffragan

схизма (гр. *schisma* = разкол, КБЕ 175) Schisma

схизматик, -тичка (РЧД 830) Schismatiker, -in, схизматичен / схизматически (РЧД 830) schismatisch

схима (гр. *schema* = дреха, ХС 247) Schima

схимник (РЧД 831) Träger des Schima

схимонах (гр. *schema* + *monachos* = монах, КБЕ 176) Mönch mit strenger Askese

схоластика (лат. *schola* = училище, РКР 241-242) Scholastik, схоластически (РЧД 831) scholastisch

схолии (РЧД 831) Scholien

схолиаст (РЧД 831) Scholiast

сциентизъм (лат. *scientia* = знание, РЧД 831) Scientismus

съблазън (ПЦСС 626) Verführung, Versuchung

съблюдение (ПЦСС 626) Observanz

събор (ВБ 106) Konzil, Synaxis, Versammlung, Gottesdienst, събор, апостолски (КБЕ 38-39) Apostelkonzil, събор, Анкирски (ХС 27) Synode von Ankara, събор, Антиохийски (ВБ 307) Synode von Antiochia, събор, архиерейски (ХС 204) Bischofssynode, събор, Базелски (РКР 113) Konzil von Basel, събор, благовещенски (ЖНС 161) Synaxis der Verkündigung, събор, Брестски (РКР 126) Synode von Brest, събор, Ватикански (КБЕ 66) Vatikanisches Konzil, Vaticanum, събор, вселенски (РКР 138) ökumenisches Konzil, събор, всецърковен (Л 69) allgemeines Kirchenkonzil, събор, втори Ватикански (РКР 132-133) Zweites Vatikanisches Konzil, събор, втори Никейски (ХС 33) Zweites Konzil von Nizäa, събор, Гангърски (Л 41) Synode von Gangra, събор, Елвирски (Л 41) Synode von Elvira, събор, Ефески (ХС 35) Konzil von Ephesus, събор, Йерусалемски (БР 541) Apostelkonzil, събор, Картагенски (РКР 203) Synode von Karthago, събор, Констанцки (ХМ 53) Konzil von Konstanz, събор, Латерански (Л 284) Laterankonzil, събор, Лионски (ХС 39) Konzil von Lyon, Събор на Архангел Гаврийл (ЖНС 331) Synaxe des Erzengels Gabriel, Събор на Архангел Михаил (ЖНС 558) Synaxe des Erzengels Michael, Събор на деветнадесетте апостоли (ЖНС 317) Synaxe der zwölf Apostel, събор, Никейски (РКР 223) Konzil von

Nicäa, събор, общоцърковен allgemeines Kirchen-
konzil, събор, осми вселенски (БПЦ 11) „achtes
ökumenisches" Konzil, събор, петошести (Л 41)
Quinisextum, събор, Пизански (ХС 53) Konzil von
Pisa, събор, поместен (БПЦ 26) Lokalsynode,
събор, първи Ватикански (РКР 132-133) Erstes
Vatikanisches Konzil, събор, първи Констан-
тинополски (Л 41) Erstes Konzil von Konstanti-
nopel, събор, първо-втори (ВБ 107) primisecundum,
събор, разбойнически (ВВХ 112) Räubersynode,
събор, Сердикийски (ХС 58) Synode von Serdika,
събор, Толедски (ВВХ 185) Synode von Toledo,
събор, Трентски / Тридентински (Реф 51) Konzil
von Trient, Tridentinum, събор, Трулски (Л 41)
trullanisches Konzil, събор, Флорентински (Л 41)
Konzil von Florenz, събор, Халкедонски (ХС 30)
Konzil von Chalcedon, събор, Хиерейски (ВБ 61)
Synode von Hiereia, събор, църковен (ВБ 60)
Kirchenkonzil, Kirchensynode, събор, църковно-
народен (БПЦ 30) Kirchenvolkssynode, съборен
(НС) allgemein, allumfassend

съборна църква ► църква

съборни послания ► послания

съборност (РКР 242) Konziliarität, Ökumenizität, All-
gemeinheit

събота (БР 542) Sabbat, Samstag, събота, акатистова
Akathistossamstag, събота, велика (Л 96) Kar-
samstag, Osterabend, събота, Лазарова (Л 94) La-
zarussamstag

съботна година ► година

съвест (КБЕ 176) Gewissen, съвест, свобода на (ЗЗВ)
Gewissensfreiheit

съвет на църквите, световен (ВВХ 192) Weltrat der
Kirchen

съвет, църковен (ПЦСС 630) Kirchenvorstand

съвпадане на противоложностите (Ф 359) Zusam-
menfall der Gegensätze

съвременно благочестие (Реф 5) devotio moderna

съвършенодействие (НЙ VII 3, 30, 20) Tun des Voll-
endenten

съвършеноначалие (НЙ I 3, 9,8) Prinzip des Voll-
kommenen

съвършеносъвършител (НЙ III 3, 19, 19) Vollzieher
des Vollkommenen

съвършенство (КБЕ 176-177) Vollendung, Vollkom-
menheit

Съд, Страшен (РКР 242-243) jüngstes Gericht

съд, църковен (ПЦСС 687) Kirchengericht

Съдии израиелеви (РКР 243) Richter Israels

съединение, ипостасно (ВБ 48-49) hypostatische Uni-
on

съединение, относително (ВБ 48-49) relationale Ver-
einigung

съединение с Христа (Л 275) Vereinigung mit Chri-
stus

създавам schöpfen

създаване от нищо ► сътворение

създание ► твар

създател ► творец

съзерцаване (Ф 42) Intuitus, Betrachtung, Kontempla-
tion

съзерцание, мистично mystische Schau

съзерцание, непосредствено unmittelbare Anschau-
ung

съзерцател Betrachter, съзерцателен kontemplativ

съзерцателност Betrachten

съкратено кръщение ► кръщение

съкровищница Gotteskasten

съприкосновение Anhaftung, Synapheia

сърдечна молитва ► молитва

сътворение от нищо (БР 550) Schöpfung aus dem
Nichts

сътворен (НС) geschaffen

същност (ХС 28) Wesen

същностнотворен (НЙ VII 2, 28, 20) wesenhaft ge-
schaffen

съществуване, вечно ewiges Existieren

съюз, ипостасен hypostatische Union

съюзни движения ► движения

Т

табернакул (лат. *tabernaculum* = палатка) Tabernakel

таблица на народите, родословна (БР 478) genealogische Völkertafel

таборити (РЧД 833) Taboriten

тавматомах (гр. *thauma* = чудо + *machos* = борец, РЧД 834) Thaumatomache

тавматомахия (РЧД 834) Thaumatomachie

тавматург (гр. *thauma* + *ergon* = работа, РЧД 834) Thaumaturg

тавматургия (РЧД 834) Thaumaturgie

Тавор (ХС 248) Tabor, Таворска светлина (РКР 243) Taborlicht

тайна / тайнство (ВВХ 205) Mysterium, *evangelisch und katholisch:* Sakrament, тайна, задължителна heilsnotwendiges Sakrament, тайна, незадължителна nicht heilsnotwendiges Sakrament, тайна, неповторяема nicht wiederholbares Sakrament, тайни, Христови (Л 315) von Christus eingesetzte Sakramente

тайно (ПЦСС 706) still, geheim

тайноводство (Л 35) Mystagogie

тайнодействие (ПЦСС 707) Vollzug der Sakramente

тайноизвършител Sakramentsvollzieher

тайноначалник Sakramentsvorsteher

таксиарх (от гр. *taxis* = сан + *archon* = владетел, РЧД 835) Taxiarch

таксидиот (гр. *taxis* + *idios* = сам, РЧД 835) Taxidiot, Wandermönch

Таласий (П 448) Thalassios

талион (лат. *talio* = възмездие, РЧД 836) Vergeltung

талисман (гр. *telesma*, РЧД 836) Talisman

Талмуд (арам. *lmd* = уча, РКР 244) Talmud

Тамар (РКР 244-245) Thamar

тамян (гр. *thymiama*, Л 137) Weihrauch

таргум (арам. *trgm* = тълкумам, БР 556) Targum

Тациан (П 103) Tatian

твар (Л 54) Geschöpf

творение (КБЕ 178-179) Schöpfung, Geschöpf

творение от нищото creatio ex nihilo

творец (Л 46) Schöpfer, творчески Schöpfer-

те деум (лат. te deum = тебе, бога, Л 32) te deum

теантропология (гр. *theos* = бог + *anthropos* = човек + *logos* = дума, ВВХ 206) Theanthropologie

Тебе бога, хвалим (Л 32) te deum laudamus

тезиса, 95 (гр. *tithemi* = слагам, КБЕ 135) 95 Thesen

теизъм (гр. *theos* = бог, РКР 245) Theismus

теист (РЧД 842) Theist

Тейар дьо Шарден (ХМ 282) Teilhard du Chardin

Текла (Л 14) Tekla

телеология (гр. *telos* = цел + *logos* = дума, ФИ 156) Teleologie

телец, златен (КБЕ 100) goldenes Kalb

телом im Leib

Теогност (П 160) Theognost

теогония (гр. *theos* = бог + *gignomai* = раждам, РЧД 849) Theogonie

теодицея / теодикея (гр. *theos* + *dike* = справедливост, КБЕ 179-180) Theodizee

Теодор Валсамон (ВБ 112) Theodor Balsamon

Теодор Мопсуетски / Мопсуестийски (РКР 246) Theodor von Mopsuestia

Теодор Студит (ЖНС 560) Theodor Studites

Теодор Четец (П 362) Theodor Anagnostes

Теодорит / Теодорет Кирски (РКР 245) Theodoret von Kyros

Теодосий Търновски (ЖНС 591) Theodosij von Turnovo

Теодотион (БР 51) Theodotion

теокрация (гр. *theos* + kratos = власт, КБЕ 120) Theokratie, теократически theokratisch

теолог ▸ богослов

теология ▸ богословие

теологическа сума ▸ сума

теопасхитски (гр. *theopaschitikos*, ВБ 48) theopaschitisch

теория за двата меча (гр. *theoria*) Zweischwerter-theorie

теория на десценденция (лат. *descendere* = слизам) Deszendenztheorie

теософ (гр. *theos* + *sophos*, РЧД 849) Theosoph

теософия (ФИ 156) Theosophie

теотокос ▸ богородица

теофания (гр. *theophaneia*, ФИ 156) Theophanie

Теофил Александрийски (ВБ 64) Theophilos von Alexandria

Теофил Антиохийски (РКР 247) Theophilos von Antiochia

Теофилакт Охридски (ВБ 185) Theophylakt von Ochrid

теплота (Л 71) Zeon

терапевти (гр. *therapeutai*, ВВХ 206) Therapeuten

терафим (евр. *teraphim*, БР 565) Teraphim

Тереза Авилска Theresa von Avila

Тертулиан (РКР 245-246) Tertullian

тетрагамия, спор за ▸ брак

тетраграма (гр. *tetragramma*) Tetragramm

тетраевангелие (гр. *tetraevangelion* = четириевангелие, Л 81) Tetraevangelium

тетрарх (гр. *tetra* = четири + *arche* = власт, БР 565) Tetrarch, Vierherrscher

теург (гр. *theos* = бог + *ergon* = дело, РЧД 856) Theurg, **теургичен** theurgisch

теургия (РЧД 856) Theurgie

тиара (лат. *tiara*, РЧД 857) Tiara

Тимотей (БР 567) Timotheus, **Тимотей Александрийски** (ВБ 106) Timotheos von Alexandria

Тиндейл, Уилиям (ХМ 196) William Tindale

типик (гр. *typto* = бия, бутам, Л 79) 1. Klosterregel, 2. (КБЕ 54) liturgisches Buch

типология (гр. *typto* + *logos*, БР 569) Typologie

типос (гр. *typto*, ПЦСС 719) Typos

Тит (ЖНС 393) Titus

тление (ПЦСС 723) Vergänglichkeit

Товит (РКР 247) Tobit

Тодор Метохит (ВБ 137) Theodor Metochites

толерантност (КБЕ 180) Toleranz

Тома Thomas, **Тома Аквински** (РКР 247) Thomas von Aquin, **Тома Кемпийски** (ХМ 97) Thomas von Kem-pen

Томина неделя ▸ неделя

томизъм (КБЕ 247) Tomismus

томос (гр. *temno* = режа, ВВХ 206) Tomos

тонзура (лат. *tondere* = режа, РЧД 864) Tonsur

топогрофия християнска (ХСЛ 267) christliche Topographie

топос (гр. *topos* = място, ВВХ 206) Topos

тора (евр. *tora*= закон, РКР 248) Tora

тояга ▸ жезъл

традиция (лат. *traditio* = предание, РЧД 868) Tradition

традукцианизъм (лат. *traducere* = предавам) Traduzianismus

транссубстанциация (лат. *transsubstantiatio* = претворяване на същността, РЧД 871) Transsubstantiation

трансцендентност (лат. *transcendentia*, ФИ 156-157) Transzendenz

трапеза / трапиза (гр. *trapeza* = маса, Л 62) 1. Altar, 2. Refektorium

трапезофорон (ПЦСС 726) Altartuch

трапист (фр. *trappiste*, РЧД 873) Trappist

треба (ПЦСС 738) orthodoxes Kasualgebet

требник (Л 83) Euchologion

триада (гр. *trias* = троичност, РЧД 875) Triade

триадология (ФИ 157) Triadologie, **триадологически** triadologisch

трибожие (ПЦСС 731) Tritheismus

триезичник (TL 184) Dreisprachler

триипостасен (ФИ 157) aus drei Hypostasen bestehend

трийсетидевенте клаузи ▸ клаузи

трикирий (гр. *trikerion*, Л 72) Trikerion

трикратно потапяне ▸ потапяне

трима светители (ПЦСС 731) drei Hierarchen

тринитарна догма ▸ догма

тринитарни спорове ▸ спорове

Тринитас / Тринитет (лат. *trinitas*, РЧД 878) Trinität, **тринитарен** (ФИ 157) trinitarisch, Trinitäts-

триод (гр. *triodion* = трипесниц КБЕ 180) Triodion, Pentekostarion, **триод, постен** (КБЕ 54) Fastentriodium, **триод, цветен** (КБЕ 54) Blumentriodium

триптих (гр. *triptychon*) Triptichon

Трисветата песен ▸ песен

трите глави ▸ глави

трите епохи ▸ епохи

трите царства ▸ царства

тритеизъм (гр. *tritheismos* = трибожие) Tritheismus

тритоисаия (гр. *tritoisaias*= третият Исаия) Tritojesa-
ja

триумф на православието (лат. *triumphus*) Triumph
der Orthodoxie

тричастно съчинение ► съчинение

троица / троичност (ХС 249) Trinität, Dreifaltigkeit,
троица, доктрина за (Ф 97) Trinitätslehre, **троица,
света** (КБЕ 181) heilige Trinität, **троичен** (ПЦСС
734) 1. trinitarisch, 2. Dreifaltigkeitshymnus, Triadi-
kon

троичност (РКР 248) Trinität

трон (гр. *thronos*) Thron, **трон, архиерейски** (Л 60)
Bischofsthron

тропар (гр. *troparion*, КБЕ 181) Tropar

Трулски събор ► събор

тръни, корона от (Л 77) Dornenkrone

тълкуване (ПЦСС 725) Auslegung

тълкувател ► екзегет

Търновска патриаршия (БПЦ 21) Patriarchat von Tr-
novo

търпение ► дълготърпение

търпимост, верска (ЗЗВ) religiöse Toleranz

Тяло Господне Leib des Herrn

Тяло Христово (Л 18) Leib Christi

У

убежище, право на (ПЦСС 747) Asylrecht

убиквизъм (лат. *ubique* = на всякъде, РЧД 887) Ubiqutätslehre

убиквист (РЧД 887) Anhänger der Ubiquitätslehre

убрус (ЖНС 379) Acheiropoietos, nicht von Händen gemachtes Bild

увереност (БР 574) Gewißheit

удовлетворение (ПЦСС 751) Satisfaktion, Genugtuung

уединение (ПЦСС 751) Einsamkeit

Уесли, Джон (ХМ 156) John Wesley

Уестминстърска изповед (ХМ 203) Westminsterconfession

Уиклиф, Джон (ХМ 143) John Wyckliff

ултрамонтанизъм (лат. *ultra + montanus*, ХМ 299) Ultramontanismus

ултамонтанист Ultramontanist

Улфила Ulfilas, Wulfila

умиване на краката Fußwaschung

умиване на ръцете (Л 50) Handwaschung

умиление (ПЦСС 755) 1. seelischer Schmerz, 2. Demut, 3. Tröstung, 4. Erbarmen, Eleusa

умилостивяването, ден на Versöhnungsfest

умъртвявам abtöten, умъртвяване с камени Steinigung

униати (лат. *uniati* = съединени, РЧД 890) Unierte, Uniaten

униатска църква ► църква

универсалии (лат. *universalis* = всемирен, РЧД 890) Universalien

уния, Лионска (лат. *unio* = съединение, КБЕ 182) Union von Lyon

уния, Старопруска altpreussische Union

уния, Флорентинска Union von Florenz

уния, църковна Kirchenunion

уподобявам Богу Gott ähnlich werden

управление, църковно (БР 578) Kirchenverwaltung

упражнения на духа spirituelle Exerzitien

Урим и Тумим (евр. *urim w tumim*, БР 579) Urim und Tumim

усия ► същност

успение (ЖНС 376) Entschlafen, Hinscheiden

Успение Богородично ► Богородица

устав (ПЦСС 763) Klosterregel, Typikon, устав, бенедиктински Benediktinerregel, устав, екзархийски (БПЦ 29) Exarchatstypikon, устав, ктиторски Stiftertypikon

устав, манастирски Klostertypikon, устав на блажени Августин Augustinerregel, устав на наставника regula magistri, устав, църковен (БПЦ 30) Kirchenordnung

установителни слова ► слова

установление на Християнска вяра (Реф 85) Institutio fidei christianae

усърдно моление ► молене

утешител (ПЦСС 768) Tröster, Paraklet

утреня (Л 117) Morgengottesdienst, Orthros, утреня, обикновена азматическа (Л 182) gewöhnlicher gesungener Morgengottesdienst, утреня, празнична азматическа (Л 182) feiertäglicher Morgengottesdienst

участие (ПЦСС 770) Teilhabe, Metoche

учение (ПЦСС 770) Lehre, учение, апостолско Apostellehre, учение, евангелско (Реф 66) evangelische Lehre, учение, езотерично (от гр. *esoterikos* = които са вътре, РЧД 278) esoterische Lehre, учение за двата пътя Zweiwegelehre, учение за двойната истина Lehre von der doppelten Wahrheit, учение на 12те апостоли (РКР 249) Zwölfapostellehre

ученик (БР 580) Schüler, Jünger

училище, катехизически Katechetenschule

училище, килийно Klosterschule

учител, църковен (Л 117) Kirchenlehrer

Ф

Факунд от Хермиане (П 350) Facundus von Hermiane

фалибилизъм (лат. *fallibilis* = погрешим) Fehlbarkeit

фанариот (гр. *phanariotes*) Phanariot

фараон (гр. *pharao* от ег., БР 582) Pharao, **фараонов, фараонски** pharaonisch

фарисей (арам. *perishe* = разделени, РКР 249) Pharisäer

Фауст Милевски (П 471) Faustus von Mileve

фелон (гр. *phellonion*, ХС 249) Fellonium

феминистко богословие ► богословие

Фенер (тур. *fener* от гр. *phanari*, РЧД 905) Phanar

Феници (РЧД 905) Phöniker

фидеизъм (лат. *fides* = *вяра*, РКР 249-250) Fideismus

фидеист (РЧД 910) Fideist

филактерий (гр. *phylax* = пазач, БР 584) Phylakterion, Amulett

филетизъм (гр. *phyle* = племе, РЧД 913) Phyletismus

Филимон, послание до (БР 584) Philemonbrief

филиокве (лат. *filioque* = и [от] сина, КБЕ 182-183) Filioque

Филип (РКР 250) Philippus

Филип Гортински (П 124) Philippus von Gortina

Филип Сидетски (П 109) Philippos von Side

филипяни, послание до (БР 586) Philipperbrief

филистимци (РКР 250) Philister

филокалия (гр. *philokalia* = добротолюбие, РКР 250) Philokalia

Филоксен Мабугски (ВБ 48) Philoxenos von Mabbug

Филон Александрийски (РКР 250) Philo von Alexandria

философия, спекулативна (гр. *philosophia* = любов към мъдростта, КБЕ 184-185) spekulative Philosophie

философия, християнска (Ф 264) christliche Philosophie

финикийци (БР 588) Phöniker, Phönizier

Флавиан (ЖНС 106) Flavian

флагелантите (лат. *flagellantes* = бичуващи, РЧД 918) Flagellanten

Флоренски, Павел (РКР 250-251) Pavel Florenski

Флорентинска уния ► уния

Флорентийски събор ► събор

флорилег (лат. *florilegium* = антология, П 431) Florilegium

Флоровски, Георгий (РКР 251-252) Georgij Florowski

фондация за подкрепа на диакония (РЧД 924) Diakonieverein

форма (лат. *forma* = образ, РЧД 926) Form, Gestalt

формален интелект ► интелект

формален принцип ► принцип

формална логика ► логика

формално различие ► различие

формула (лат. *formula* = образец, Л 27) Formel, **формула на съгласието** (ХМ 169) Konkordienformel

Фотий (ЖНС 91) Photios

фра (итал. *fra* = брат, РЧД 933) Fra'

Франк, Семьон (РКР 252) Frank, Semion

Франке, Аугуст Х. (ХМ 173) Franke, August H.

Франциск Асизки (ХМ 123) Franziskus von Assisi

францисканец (ХМ 123) Franziskaner, **францискани, духовни** (РЧД 934) Franziskanerspiritualen

франсискански орден ► орден

фундаментализъм (лат. *fundamentum* = основа) Fundamentalismus

X

хагада (евр. *haggada*) Haggada

хагиограф ► агиограф

хагиография ► агиография

хагиографски ► агиографски

хагиолог ► агиолог

хагиология ► агиология

хаджи, -ийка (тур. *haci* = поклонник [от араб.], РЧД 942) Pilger, -in, хаджийски Pilgerfahrts-хаджилък (РЧД 942) Jerusalems heilige Stätten

Хайделбергски катехизис (ХМ 230) Heidelberger Katechismus

халаха (евр. hlch = вървя) Halacha

халдей / халдеец (ПЦСС 780) Chaldäer

халдейска литургия ► литургия

Халцедон / Халкедон (ХМ 48) Chalcedon, Халкедонско вероопределение Glaubensdefinition von Chalcedon, Халкедонско православие (ВБ 48) chalcedonensische Orthodoxie

Хам (РКР 252) Ham

Ханаан (РКР 252) Kanaan

ханаанец (ПЦСС 781) Kanaanäer

хаос (гр. *chaos* = безредие, ПЦСС 781) Chaos

харизма (гр. *charisma* = дар, КБЕ 186) Charisma, харизматичен charismatisch

харизматично движение ► движение

хармония (гр. *harmonia* = съзвучие, БПЦ 20) Harmonie

хартофилакс (гр. *chartophylax* = архивар, КБЕ 186) Chartophylax

хатишериф (тур. *hattishserif* = благородно писмо [от араб.], РЧД 947) Rosengartendekret

Хасмонеи (БР 593) Hasmonäer

хвала (ПЦСС 783) Preis, Lobpreis, Laudes

Хедио, Каспар (ХМ 177) Hedio, Kaspar

хекзамер (гр. *hexaemeron* = шестодневие) Hexaemeron

хекзапла, хексапла (гр. *hexapla* = шест тома) Hexapla

хелветско изповедание (ВВХ 188) confessio helvetica

хенотеизъм (гр. *heis* = един + *theos*, РЧД 953) Henotheismus

херменевтика (гр. *hermeneuo* = тълкувам, РКР 253) Hermeneutik

херувим (евр. *cherubim*, БР 594) Cherubim, херувимска песен (Л 52) Cherubimhymnus

Хиерейски събор ► събор

хилиазъм (гр. *chilias* = хилиада, КБЕ 186) Chiliasmus

хилиаст (РЧД 960) Chiliast

хилозоизъм (гр. *hyle* = материя + zoe = живот, РЧД 961) Hylozoismus

химн (гр. *hymnos* = песен, БР 596) Hymnus, химн, църковен Kirchenlied

химнография (гр. *hymnos* + *grapho* = пиша, Л 40) Hymnographie

химнология (гр. *hymnos* + *logos* = дума, РЧД 961) Hymnologie

химнопеене Hymnengesang

химнословие ► химнология

хипостаза (гр. *hypostasis* = утайка, РЧД 964) Hypostase

хиротесия (гр. *cheir* + *tithemi* = слагам, Л 291) Cheirothesie

хиротонисвам / хиротонисам (Л 291) die Cheirotonie erteilen

хиротония (гр. *cheir* + *teino* = протягам) Cheirotonie

хитон (гр. *chiton* = широка дреха, Л 276) Chiton

хламида (гр. *chlamys* = военнена дреха) Chlamys

хляб, благословен (Л 136) eucharistisches Brot, хлябове на предложението Schaubrote

хлябопоклонение Artolatrie

ходатай (БР 597) Fürbitter, Mittler

ходатайство (ПЦСС 789) Fürbitte

ходатайствам (ПЦСС 789) Fürbitte leisten

ходатайствена молитва ► молитва

хомилия (гр. *homilia* = беседа) Homilie

Хомяков, Алексей (РКР 253) Chomjakov, Aleksej

хор, църковен (гр. *choros*) Kirchenchor

хорал Choral

хорепископ (гр. *chora* = област + *episkopos* = епископ, ПЦСС 791) Chorepiskopos

хоругви (Л 72) Standartenikonen, Kirchenfahnen, Kreuzesfahnen

хостия (лат. *hostia* = жертва) Hostie

храм (Л 57) Tempel, Kirche, **храм, втори** (БР 600) Zweiter Tempel, **храм, Иродов** (БР 600) herodianischer Tempel, **храм, манастирски** Klosterkirche, **храм Рождество Христово** (Л 23) Geburtskirche, **храм св. Апостоли** (Л 23) Apostelkirche, **храм св. Възкресение** (Л 23) Anastasis, **храм, Соломонов** (Л 141) salomonischer Tempel, **храм, ставропигиален** stauropege Kirche

храмов празник ► празник

храмова сикла ► сикла

храмовата стряха ► стряха

храна, духовна geistliche Speise

храна, идоложертвена Götzenopferspeise, Götzenopferfleisch

хризма (гр. *chrisma* = помазване) Chrisma, Salbung

Хризостом ► Йоан Златоуст

хрисовул (гр. *chrysobullos* = златен печат, РЧД 972) Chrysobull

християнин, -янка (гр. *chrio* = помазвам, КБЕ 187) Christ, -in

християнство (ВВХ 1) Christentum

християнизация (БПЦ 7) Christianisierung

християнизирам (БПЦ 7) zum Christentum bekehren

христови тайни ► тайни

христологичен принцип ► принцип

христология (РКР 253) Christologie

христолюбив (ПЦСС 796) christusliebend

христомонизъм Christomonismus

Христос (ПЦСС 796) Christus, **Христос Човеколюбец** (ПЦСС 814) Christus Philanthropos

христоцентризъм (Л 52) Christozentrismus

Хроматий от Аквилея (П 426) Chromatius von Aquileia

хроника, пасхална (гр. *chronos* = време) Chronikon Paschale

хронология на Новия Завет (БР 604) Chronologie des Neuen Testamentes

хронология на Стария Завет (БР 607) Chronologie des Alten Testamentes

хугенотство (КБЕ 121) Hugenottentum

хумилиати (лат. *humiliati* = смирени) Humiliaten

Хус, Ян (ХМ 145) Hus, Jan

хуситство (Реф 18) Hussitentum

Ц

Цариградска патриаршия (КБЕ 188-191) Patriarchat von Konstantinopel

Цариградски събор ▸ събор

Царска сикла ▸ сикла

царски врата ▸ двери

царски двери ▸ двери

царски икони ▸ икони

царски път ▸ път

царски часове ▸ часове

Царство Божие (ХС 250) Gottesreich, Царство Небесно (КБЕ 191) Himmelreich, царства, I и II, книги (ПЦСС 800) I. und II. Buch Samuel, царства, III и IV, книги (ПЦСС 800) I. und II. Buch der Könige, царства, учение за трите (TL 480) Dreireichelehre, царства, учение за двата Zweireichelehre

цветен триод ▸ триод

Цветница ▸ неделя Цветница

цветослов (Л 84) Anthologium

Цвингли, Улрих (ХМ 155) Zwingli, Ulrich

цвинглианизъм (ХМ 155) Zwinglianismus

цвинглианство ▸ цвинглианизъм

Цезарий Арлски (П 471) Caesarius von Arles

цезаропапизъм (лат. *caesar* = цар + *papa* = папа, КБЕ 191) Caesaropapismus

целибат (лат. *caelbs* = неженен, КБЕ 191-192) Zölibat

целомъдреност / целомъдрие (ПЦСС 806) Keuschheit, целомъдрен (ПЦСС 806) keusch

целувка на мира (Л 243) Friedenskuss

център на поклонения (Реф 57) Wallfahrtszentrum

цикъл, седмичнеи празничен (Л 86) Wochenfestkreis

Цинцендорф, граф (ХМ 173) Zinzendorff, Graf

цистерцианци (ХМ 118) Zisterzienser

църква (ХС 250) Kirche, църква, автономна (ХС 41) autonome Kirche, църква, автокефална (ХС 41) autokephale Kirche, църква, албанска (ХС 46) albanische Kirche, църква, американска (ХС 46) amerikanische Kirche, църква, англиканска (КБЕ 29) anglikanische Kirche, църква, антиохийска (ХС 42) antiochenisches Patriarchat, църква апостолска

(НС) apostolische Kirche, църква, александийска (ХС 43) alexandrinisches Patriarchat, църква, арменска (ХС 49) armenische Kirche, църква, българска (ХС 43) Bulgarische Kirche, църква, велика (Л 37) Große Kirche, Megale Ekklesia, църква, видима (КБЕ 135) sichtbare Kirche, ecclesia visibilis, църква, висока (КБЕ 29) Hochkirche, High Church, църква, вселенска (НС) universale Kirche, ökumenisches Patriarchat, църква, грузинска (ХС 43) georgische Kirche, църква, държавна (Реф 124) Staatskirche, църква, еладска / гръцка (ХС 46) griechische Kirche, helladisches Erzbistum, църква, евангелска (КБЕ 88) evangelische Kirche, църква, етиопска (ХС 48) äthiopische Kirche, църква, западна (БПЦ 11) westliche Kirche, църква, западносирийска / яковитска (ХС 48) westsyrische / jakobitische Kirche, църква, земна (ХС 155) irdische Kirche, църква, източна (Л 146) Ostkirche, църква, източносирийска / несторианска (ХС 47) ostsyrische / nestorianische Kirche, църква, истинска (КБЕ 135) wahre Kirche, църква, йерусалимска (ХС 41) Jerusalmer Patriarchat, църква, католическа (Л 146) katholische Kirche, църква, кипърската (ХС 43) zypriotische Kirche, zypriotisches Erzbistum, църква, коптска (Л 48) Koptische Kirche, църква, малабарска (ХС 49) Malabarische Kirche, църква, манастирска Klosterkirche, църква, маронитска (ХС 49) maronitische Kirche, църква, национална (Реф 125) Nationalkirche, църква, небесна (ХС 155) himmlische Kirche, църква, невидима (КБЕ 135) unsichtbare Kirche, църква, полска (ХС 45) polnische Kirche, църква, поместна (БПЦ 13) Ortskirche, örtliche Kirche, църква, римокатолическа (КБЕ 160-163) römisch-katholische Kirche, църква, румънска (ХС 45) Rumänische Kirche, църква, руска (ХС 44) russische Kirche, църква, синайска (ХС 45) sinaitische Kirche, sinaitisches Erzbistum, църква, сръбска (ХС 44) Serbische Kirche, църква, старокатолическа (Реф 183) altkatholische Kirche, църква, съборна (НС) allgemeine Kirche, църква, финландска (ХС 45) finnische Kirche / finnisches

Erzbistum, **църква, японска** (ХС 45) japanische Kirche, **църкви, древни източни национални** (ХС 47) altorientalische Nationalkirchen, **църковен** (ПЦСС 802) kirchlich

църковен брак ► брак

църковен език ► език

църковен налог ► налог

църковен отец ► отец

църковен писател ► писател

църковен служител ► служител

църковен събор ► събор

църковен съвет ► съвет

църковен съд ► съд

църковен устав ► устав

църковен учител ► учиттел

църковен химн ► химн

църковен хор ► хор

църковна археология ► археология

църковна дисциплина ► дисциплина

църковна книга ► книга

църковна организация ► организация

църковна уния ► уния

църковни общности ► общности

църковни песнопения ► песнопения

църковни разпоредби ► разпоредби

църковно единство ► единство

църковно имущество ► имущество

църковно наказание ► наказание

църковно народен събор ► събор

църковно право ► право

църковно управление ► управление

църковнославянски (БПЦ 15) kirchenslawisch

Цюрихско съглашение (Реф 94) Consensus Tigurinus

Ч

часове (Л 117) Horen, Stundengebet, **часове, азмати-**
чески (Л 191) gesungene Horen, **часове, царски** (Л
83) königliche Horen

часослов (Л 82) Horologion, Horarium, Stundenbuch,
Brevier **часослов, велик** (Л 186) großes Horologium

частно богослужение (Л 120) Kasualgottesdienst

чаша (Л 251) Poterion, Kelch

черква ▸ църква

черна магия ▸ магия

черно духовенство ▸ духовенство

черноризец (ХСЛ 95) Schwarzberockter (Mönchsbe-
zeichnung)

чест (КБЕ 192) Ehre

четвъртък, велики / страстни / честни (Л 95) Grün-
donnerstag

четение (ПЦСС 821) Lesung

четец (Л 298) Lektor

четива, новозаветни (Л 151) neutestamentliche Le-
sungen

четива, старозаветни (Л 151) alttestamentliche Le-
sungen

четиридесетница (Л 91) vierzigtätige vorösterliche Fa-
stenzeit

четириевангелие / тетраевангелие (ПЦСС 819) Te-
traevangelium

четки (ПЦСС 820) Gebetsschnur, Rosenkranz

чин (Л 360) Ordo, Akoloutia

чиновник, архиерейски (ПЦСС 822) bischöfliches
Hieratikon

числа (РКР 253) Numeri

чистилище (П 470) Fegefeuer

чистилищен огън ▸ чистилище

чистота (ПЦСС 824) Reinheit, **чистота, нравствена**
(КБЕ 148) sittliche Reinheit

член на църквата (ПЦСС 825) Kirchenmitglied, **чле-**
на, двадесетидевет (КБЕ 20) neununddreissig Arti-
kel

човеколюбец (Л 253) Menschenfreund

човешки син ▸ син

чтение ▸ четение

чудо (ПЦСС 827) Wunder

чудотворец (Л 156) Wundertäter, **чудотворен** (Л 156)
wundertätig

чудотворна икона ▸ икона

Ш

шабат (евр. *shabbat* = събота, РЧД 993) Sabbat

шатри, празник (БР 625) Laubhüttenfest

шеол (евр. *sheol* = преизподня, КБЕ 195) Scheol

шестоднев (ХСЛ 74) Sechstagewerk, Hexaemeron

шестопсалмие (Л 173) Hexapsalmos

школа, Александрийска (гр. *schole* = свободно време, КБЕ 25) alexandrinische Schule

школа, Антиохийска (КБЕ 31) antiochenische Schule

Шлайермахер, Фридрих (ХМ 260) Schleiermacher, Friedrich

Шлайтхаймска изповед (ХМ 195) Schleitheimer Bekenntnis

Шмалкалденски артикули (Реф 49) Schmalkaldische Artikel

Шпенер, Филип Якоб (ХМ 156) Spener, Philipp Jakob

Ю

юбилеи, книга (от евр. *ibl* = донасям, БР 628) Ju-
biläenbuch

юбилейна година ▸ година

Юда (БР 628) Judas, **Юда брат Господен** (ЖНС 296)
Judas der Herrenbruder, **Юда Исхариотски** (БР 629)
Judas Ischaiot, **Юда, съборно послание на** (БР 630)
Judasbrief

Юдит (БР 356) Judith

Юлиан от Еклаиум (ВБ 182) Julian von Eclanum

Юлиан Отстъпник (П 261) Julian Apostata

Юлиан Тарсянин (ЖНС 300) Julian von Tarsus

Юлиан Халикарнаски (ВБ 200) Julian von Halikar-
nassos

юлиански календар ▸ календар

Юлий Африканец (П 162) Julius Africanus

Юлий Фирмик Матерн (П 376) Julius Firmicus Ma-
ternus

юрисдикция (лат. *ius* = право + *dicere* = казвам) (РКР
254) Jurisdiktion

юродиви (КБЕ 197) Gottesnarren

юродство (КБЕ 197) Gottesnarrentum

Юстин (РКР 254-255) Justin

Я

Яков (РКР 181) Jakob, Jakobus, **Яков Алфеев** (БР 636) Jakob, Sohn des Alphaeos, **Яков Барадей** (ХС 48) Jakob Baradäus, **Яков Брат Господен** (РКР 181) Jakob der Herrenbruder, **Яков, версия на крал** (БР 53) King James Version, **Яков Зебедеев** (ЖНС 216) Jakob, Sohn des Zebedaeus, **Яков, съборно послание на** (РКР 181) Jakobusbrief

яковити (ХС 48) Jakobiten

яковова литургия ▶ литургия

Янсен, Корнелиус (КБЕ 197-198) Cornelius Jansen

янсенизъм (КБЕ 197-198) Jansenismus

Янсений ▶ Янсен

ясли на богомладенец Иисус (БР 638) Krippe des Jesuskindes

Яхве (евр. JHWH, КБЕ 198) Jahwe

яхвист (БР 407) Jahwist